中国古玉器鉴定丛书

古方　主编

**图书在版编目（CIP）数据**

古玉的器形与纹饰／古方，李红娟编著.—北京：文物
出版社，2009.2（2018.6 重印）
（中国古玉器鉴定丛书）
ISBN 978-7-5010-2428-5

Ⅰ.古... Ⅱ.①古...②李... Ⅲ.古玉器—鉴定—中国
Ⅳ.K876.84

中国版本图书馆CIP数据核字（2008）第170363号

## 古玉的器形与纹饰

编　　著：古　方　李红娟

责任印制：苏　林
责任编辑：张征雁　徐　旸

出版发行：文物出版社
社　　址：北京市东直门内北小街2号楼
邮　　编：100007
网　　址：http://www.wenwu.com
邮　　箱：web@wenwu.com
经　　销：新华书店
制　　版：北京文博利奥印刷有限公司
印　　刷：文物出版社印刷厂
开　　本：154×230毫米　1/32
印　　张：8
版　　次：2009年2月第1版
印　　次：2018年6月第2次印刷
书　　号：ISBN 978-7-5010-2428-5
定　　价：88.00元

中国古玉器鉴定丛书

古方 主编

# 古玉的器形与纹饰

古方 李红娟 编著

文物出版社

古玉的器形与纹饰

# 目　录

# 新石器时代玉器

新石器时代是指距今10000～4000年前的历史阶段，以磨制石器为主，这时砥磨、切割、钻孔等加工技术有了十分突出的进步，不仅制作了各种精致的石器，而且创制了多种多样的精美玉器。由于技术的进步、功能的分化，制玉工业逐渐从制石工业中分化出来，形成了独立的玉雕业和石雕业。据不完全统计，中国已发现的新石器时代文化遗址有7000多处，出土了大量的精美玉器。现有的发掘资料和研究结果表明，中国雕琢和使用玉器的历史可以追溯至距今8000年左右的新石器时代中期，西辽河流域兴隆洼文化玉器的发现开创了中国史前雕琢和使用玉器之先河。以红山文化和良渚文化玉器的发现为代表，西辽河流域和长江下游地区环太湖流域成为中国新石器时代两大雕琢和使用玉器的中心，与此同时，黄河上、中、下游地区，江淮地区、长江中游地区、华南地区新石器时代玉器也相继发现，面貌异彩纷呈。

兴隆洼文化玉器大多通体抛光，素面，目前仅在白音长汗遗址发现有装饰凹槽的纹样。赵宝沟文化玉器器表光素无纹。

红山文化器物器表光素无纹，仅有少数器类在特定部位雕刻出阴刻的线纹、瓦沟纹以及图线纹等简单纹样。如勾云形佩、玉臂饰等饰有瓦沟纹，瓦沟纹之间的起伏随体形而变化，宽窄深浅十分均匀规矩，这种纹饰技法成为红山文化工艺的一个最显著特征。

良渚文化的纹饰主要有神人兽面纹、龙首纹、鸟纹、直线纹等。

庙底沟二期文化大部分玉器光素无纹，并经过打磨和抛光。

陶寺文化大部分玉器光素无纹，仅个别的玉琮、动物形玉饰上有简单的凹槽或线条，玉器大多经过仔细的打磨抛光，光滑圆润。

陕西龙山文化大部分玉器制作规整精美，光素无纹，仅芦山峁玉琮上饰有简化兽面纹和简化眼纹。

大汶口文化玉器以素面为主，刻纹玉器有藤州岗上遗址采集到的人面玉饰，以简练的线条，勾画出五官，虽比例不甚协调，但轮廓较分明。

山东龙山文化纹饰以素面为主，施纹饰的玉器较少，如日照两城镇的一件玉锛，底部刻有纤细流畅的阴刻兽面纹，在兽面头冠两侧有上翘的三层卷云纹。

凌家滩文化中玉器表面素面无纹的占多数，阴线刻纹饰多在某些特殊形制的器类上发现，如虎首璜、人、鹰、版、三角形片、龙等。

# 器　　形

## 兴隆洼文化玉器

兴隆洼文化是主要分布于西辽河流域、大凌河流域和燕山南麓等地的新石器时代考古学文化，年代为距今8200～7200年。兴隆洼文化玉器的种类有用具和装饰品两大类。用具有斧、锛、凿。装饰品有玦、匕形器、弯条形器、管。玉玦的出土数量最多，选材和加工均比较讲究，是兴隆洼文化玉器的典型器类之一。其形制分为两类：一类呈柱状，两端面光平，侧面有一道细长的缺口；另一类呈环状，侧面有一道窄缺口，体中部略起脊，横截面呈多角形或近似椭圆形，内外侧边缘较薄。玉匕形器亦为兴隆洼文化的典型玉器。器体呈长条状，一面略内凹，另一面外弧。末端平齐，前端呈圆弧形，缘部磨薄，靠近末端中部有一自单面钻成的小孔。兴隆洼文化玉器器形以小型制品为主，器类比较单一，在很大程度上体现出早期玉器的原始特征。钻孔有单面钻成的小孔和两面对钻而成的长孔两种式样。

**玉玦** 兴隆洼文化装饰用玉，内蒙古自治区敖汉旗兴隆洼聚落遗址出土，现藏中国社会科学院考古研究所。

2件，直径2.8～2.9、孔径1.3～1.4、厚0.4～0.6厘米。玉质黄绿色。环状，侧面有一道窄缺口，通体抛光，外缘较厚，内缘磨薄，略起脊，一面有两小块红斑。两件玉玦分别出自墓主人的左右耳部，其中一件压在墓主人头骨左侧下面，缺口均朝上。

**匕形玉器** 兴隆洼文化装饰用玉，内蒙古自治区敖汉旗兴隆洼聚落遗址出土，现藏中国社会科学院考古研究所。

残长3.6厘米。玉质青色，有白沁。形似匕。末端略残，前端呈圆弧形，缘部磨薄，体呈长条状，一面略内凹，另一面外弧。靠近末端中部有一单面钻小孔。

**璜形玉坠** 兴隆洼文化装饰用玉，内蒙古自治区敖汉旗兴隆沟聚落遗址出土，现藏中国社会科学院考古研究所。

长9.5、厚0.69厘米。灰白

色。器体呈弯条弧形，顶部微凹，末端渐细，一端有一圆形穿孔。

**玉管** 兴隆洼文化装饰用玉，内蒙古自治区林西县双井店乡白音长汗遗址出土，现藏内蒙古自治区文物考古研究所。高3.5～3.8、直径1.55、孔径0.4～0.7厘米。玉质绿色，器表有裂隙纹理。椭圆柱形，两端平齐。横剖面呈椭圆形，两端中部纵向对钻一圆形孔，中部相连处错位。类似的玉管曾出土于人头部颌骨下，推测应为颈部饰物。

# 赵宝沟文化玉器

赵宝沟文化是内蒙古地区的新石器时代考古学文化。该文化因内蒙古自治区敖汉旗赵宝沟遗址的发掘而命名。其主要分布范围在西拉木伦河流域、老哈河流域、教涞河流域、牤河流域和滦河流域。所处年代约为距今7200～6500年。赵宝沟文化出土玉器的种类、数量较少，有玉斧、钺、玦等，仅有五件。材质有透闪石、大理石等。器表光素无纹。

**玉钺** 赵宝沟文化礼仪用玉，内蒙古自治区林西县五十家子镇石门子村赵宝沟文化遗址出土，现藏林西县博物馆。长19.5、刃宽11.8、厚1.6、孔径1.6～2厘米。玉质青褐色，细腻光洁，闪蜡脂光泽。器呈长方圆角形，上窄下宽，弧背弧刃，中间微鼓，边缘渐薄。距顶端5厘米处有一单向钻孔，孔倾斜，孔壁光滑，修缘磨边，双面刃，刃部有一崩口，有使用痕迹。器通体打磨，光素无纹。

**玉斧** 赵宝沟文化玉质用具，内蒙古自治区敖汉旗敖润苏莫苏木羊羔庙出土，现藏敖汉旗博物馆。长13.5、宽6.3厘米。玉质为墨绿色软玉。圆弧刃，稍斜，两侧边磨平，一边外弧，弧刃较锋利，有使用磨擦痕。

## 红山文化玉器

红山文化是主要分布于内蒙古东南部、辽宁西部及河北北部地区的新石器时代考古学文化，年代距今约6500～5000年。红山文化玉器主要为红山文化晚期，距今约为5500～5000年。红山文化玉器主要用于佩戴或装饰，器形可分为用具类、装饰品类、人物类、动物类和特殊类五大类。用具类有钺、斧、凿、纺瓜形器、勾形器、棒形器、锥形器等，装饰品类有环、镯、臂饰、珠、管、佩饰、菱形饰、绿松石串饰、玉睛等，人物类有玉人、人面饰等，动物类有猪龙、龙、凤、双龙兽形玉饰、蚕、鸟、鹰、龟、鱼等，特殊类有璧、双联璧、三联璧、三孔玉饰、勾云形佩、箍形器等。经初步统计，发掘、采集及在红山文化分布区征集的红山文化玉器共有360余件，其中正式发掘品有140余件。

**箍形玉器** 红山文化装饰用玉，辽宁省建平县牛河梁遗址第二地点一号冢4号墓出土，现藏辽宁省文物考古研究所。高18.6、上口径10.7、下口径7.4、厚0.3～0.7厘米。玉质碧绿色。器体为长筒形，筒扁圆，上大下小，上端呈斜面状，口沿外敞，边壁似刃。下端作平口，两侧各有一对钻的小孔。器表打磨光滑，孔壁留有线拉去料的切割痕。出土时枕于头下，长面在上，背面还可见有一小块头骨粘附其上。由此推测它的用途可能为束发器。同墓还出有一对玉雕猪龙，配挂在墓主胸前，反映出此墓所具备的较高规格，说明玉箍形器不是普通用品。

**双联玉璧** 红山文化装饰用玉，现藏辽宁省博物馆。长9.5、宽4.5厘米。玉质青白色，半透明。体扁平，形似不规则的两璧横向对称相联，左右两端凸出，上缘较平，中

间有一道砣具琢磨的凹槽，凹槽两侧各有一小圆孔，可供系挂，器面微鼓，周边磨有刃边，制作精巧，具有红山文化玉器的特征。

**双兽首三孔玉饰** 红山文化装饰用玉，辽宁省凌源县三官甸子城子山2号墓出土，现藏辽宁省文物考古研究所。

长9.2、宽2.8、孔径1.9厘米。玉质青白色，间有褐色沁蚀。体为三联孔，上端为弧拱形，下端平直，两端以写实手法各雕一兽首，肥头大耳，长面拱嘴，吻端圆而上翘，菱形大眼，炯炯有神，形象似猪更似熊。中间三个圆孔的孔壁上均留有管钻的旋转痕，器侧饰连续的绳索纹，下端底上有四个漏斗形小穿孔。通体光素，圆润莹洁。

**玉箍** 红山文化装饰用玉，辽宁省建平县牛河梁遗址第五地点一号冢1号墓出土，现藏辽宁省文物考古研究所。

高4.2、直径7.5、孔径6.4、厚1.1厘米。玉质黄绿色，略有瑕斑。圆口，内壁平直，外壁如鼓，中部最厚，两端渐薄似刃。出土时与勾云形玉佩一同置于男性墓主的胸前，从孔径大小来看，可能是手镯。此器制作规整，抛光度高，为红山玉器不可多得的珍品。

**玉龙** 红山文化装饰用玉，内蒙古自治区翁牛特旗三星他拉出土，现藏中国国家博物馆。

长26、通宽21、剖面直径2.3～2.9、穿孔孔径0.95厘米。玉质墨绿色。龙体作"C"字形，上唇略翘，吻部前伸，嘴紧闭，鼻端平齐，上沿起锐利的棱线，有两个小鼻孔，眼为梭子形，梳形眉凸起，额及颚底皆刻细密的菱形网状纹。颈背起长鬣，呈弧形向后飘动，边缘作钝刃，两侧有凹槽。龙身细体内弯，卷尾，极富动感。龙背有一小孔，如系绳悬挂，龙的首尾正好在同一水平线上。通体琢磨，光滑圆润，为一整块玉料圆雕而成，是迄今所知最早的玉龙，有人认为它是氏族部落的象征及图腾。目前这类龙只见于红山文化分布的赤峰地区，牛河梁地区尚未见。

**玉猪龙** 红山文化装饰用玉，辽宁省建平县采集，现藏辽宁省文物考古研究所。

长15、最宽10.2、断面最厚3.8厘米。玉质青色，器表沁蚀呈牙白色。整体作"C"字形。猪龙形首，头部甚大，短肥耳，大圆眼，阔嘴，吻部前突，口露獠牙，鼻上有数道阴刻皱纹，因貌似猪首而俗称"猪龙"。龙身厚重，首尾卷曲成环形，环孔圆滑，首尾相对缺而不断，耳部后方有一个对钻的系带孔。造型浑厚粗犷，线条匀称流畅，为红山文化同类玉猪龙中形体较大、形制最规整的一件。

**鸟形玉玦** 红山文化装饰用玉，内蒙古自治区巴林右旗巴彦汗苏木那斯台遗址出土，现藏巴林右旗博物馆。

长5.5、最宽5、厚1、中心孔径2厘米。玉质青色，沁蚀后呈灰白色。扁柱体，首尾卷曲相近，如鸟正在发育的胚胎。大大的鸟嘴，嘴端略微尖突，尖啄向下前伸，额头隆起，刻双圆圈重环大眼，几乎占据了鸟的整个头部。身上有两个尖脊，翅肩向外突出，翅尾向下，凸尖较大，圆弧状的鸟尾向上卷曲接近鸟喙。中间为一圆形大孔，颈间处对穿一孔，造型极为奇特，器形风格与红山文化玉猪龙有些相似。

**玉鸟** 红山文化装饰用玉，辽宁省建平县牛河梁遗址第二地点四号冢出土，现藏辽宁省文物考古研究所。

长3.3、宽2、厚0.4厘米。玉质青白色。片状，通体近梯形，为鸟的简化形，作展翅状。头部钻有一孔，中央及两翼有单刻阴线，造型概括抽象。

**勾云形玉佩** 红山文化装饰用玉，辽宁省建平县牛河梁遗址第二地点一号冢27号墓出土，现藏辽宁省文物考古研究所。

长28.6、宽9.5、厚0.6厘米。玉质深绿色，有黄色瑕斑，因光线照射角度不同玉质的明暗变化会极为明显。体扁薄，呈长方形，正面饰瓦沟纹，纹饰

规整，反面略内弧。兽面，具有旋涡形的双眼及獠牙，两侧侧面龙首依稀可寻。器面凹槽纹饰依体形而盘旋曲折，在纹饰间透雕以小孔和窄条形镂孔。此器外形对称，带齿的兽面纹，应当是一种动物图腾的图案化，当是古人用作图腾祭祀的神器。出土时为竖置，反面朝上，为迄今所知红山文化玉器中最大的一件勾云形玉佩。

**钩形玉佩** 红山文化装饰用玉，现藏辽宁省文物总店。

长9.5、宽3.1厘米。玉质青绿色，半透明，略有褐斑。体扁平，薄而长。器身中间琢磨出两道凸棱，将全器分为弯钩与直柄两部分。形体有如后世的钩兵形状，上钩卷起，锋部呈弯勾刀形，弯勾部分双面磨刃，中有凹槽随形弯转。直柄部分下端收缩为一方扁的榫头，上有一桯钻圆孔，为红山文化的特有器形。

**玉龟** 红山文化装饰用玉，辽宁省建平县牛河梁遗址第二地点一号冢21号墓出土，现藏辽宁省文物考古研究所。

背长5.3、宽4.1、腹残长4.5、宽3.8、厚2.7厘米。玉质淡绿色，质地莹润。器呈龟壳形，龟背有三道棱脊，两端以刻线表示头和尾，极为写实。腹甲边缘也有与背甲对应的简略刻线。腹底平滑，由首

至尾有一贯通系孔，并与腹甲大孔相互贯通。以前后贯通的玉质龟壳随葬，可能与以玉龟通神的宗教信仰有关。玉龟壳在安徽含山凌家滩新石器遗址、河南安阳商代妇好墓、北京琉璃河周初燕国墓、山西西周晋侯墓等均有出土。但以牛河梁出土的这一件时代最早，制作也最精。

**玉人** 红山文化装饰用玉，辽宁省建平县牛河梁遗址第十六号地点4号墓出土，现藏辽宁省文物考古研究所。

长18.6厘米。玉质淡黄绿色。圆柱状。双目微闭，双手伸张，抬臂上举。刻划线条粗犷浑厚。头顶及脑后钻有三联孔。玉雕立人曾在安徽含山凌家滩新石器遗址出土六件，与牛河梁这件玉立人神态非常相似。它们都是沟通天地神祖的巫师的写照，为＂玉神器＂。

**龙首玉璜** 红山文化装饰用玉，辽宁省喀左县东山嘴祭坛遗址出土，现藏辽宁省文物考古研究所。

长4.1厘米。玉质青白色。器身作弯弧状，两端雕成龙首，双首前伸，吻部凸出，口微张，双目呈菱形。器正面雕琢瓦沟纹，底部光素无纹，中央部位横钻一鼻状孔，左右对称。

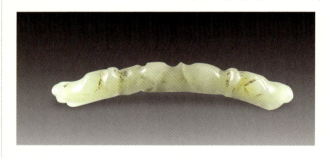

这种双龙首的璜形玉饰，在红山文化中极为少见。东山嘴祭坛遗址是一处红山先民的祭祀遗址，祭坛周围又出土了一些象征生殖、丰收的女神像，推测这件双龙首玉璜可能是部落联盟共同献给女神的礼物。

**牙形玉佩** 红山文化装饰用玉，内蒙古自治区翁牛特旗海金山遗址出土，现藏翁牛特旗博物馆。

长2.7、宽2.4、厚0.4厘米。玉质黄色，细腻温润，上有雾状白色水沁。器扁平，牙角状。上部有两个单向钻孔，并有两个浅浅的阴刻线。另一面在钻孔旁遗有打孔痕迹。通体磨制，光素无纹。

## 小河沿文化玉器

　　小河沿文化是新石器时代的考古学文化，年代约距今5000～4000年。其文化主要分布于辽河以西，内蒙古昭乌达盟（今赤峰市）境内以及河北北部。玉器种类比较单一，分为用具、装饰品两大类。用具类有钺、锛等，装饰品类有环、镯、有领璧、璜、管、珠、猪龙等。环、镯类有薄片状和外缘鼓、内缘直立以及内外缘都直三种，整体造型比较规整，与红山文化同类器有很大差别。

**玉璧** 小河沿文化装饰用玉，内蒙古自治区喀喇沁旗大牛群乡征集，现藏喀喇沁旗文物管理所。
直径14.2～14.5、孔径5.8～6、内缘厚2、外缘厚0.7厘米。玉质青绿色，泛白，细密坚硬。器为不十分规整的圆形，单向钻孔，内缘厚外缘薄，内缘在璧体上凸起0.25厘米，形成一周凸棱，一面侵蚀严重，表面有一层疏松的钙化层。通体磨制，光素无纹，是目前史前期仅见的一件凸缘璧。

## 大汶口文化玉器

　　大汶口文化是黄河下游地区的新石器时代考古学文化，年代约为距今6200～4600年。主要分布地域为山东省全境及苏、皖两省的北部。玉器种类有用具类、装饰品类以及少量的仪仗器类。用具类有锛、斧、凿、刀等。装饰品类有锥形器、镯、小璧、环、牙璧、璜、璜形坠、玦、臂环、珠、管、坠饰、指环、串饰、双联璧、三联璧和人面饰等。仪仗器类有钺。由璧、管、珠、坠等多个小型玉饰组成的串饰是大汶口文化装饰

品的特点。大汶口文化出土玉器中，装饰品较多，这是大汶口文化玉器的一大特点。

**玉铲** 大汶口文化礼仪用玉，山东省泰安市大汶口墓地出土，现藏山东省博物馆。

长17.8、宽7.2、厚0.4厘米。玉质淡黄色，色泽晶莹。器呈扁平梯形，顶端略作弧形，两边斜直，刃部稍宽，较锋利，上部正中有一管钻圆孔，两面透钻。通体磨光，无使用痕迹。玉斧形似石斧，实为礼器，是权力和财富的象征，为部落首领所占有。

**玉串饰** 大汶口文化装饰用玉，山东省邹城市野店出土，现藏山东省博物馆。

由11件玉饰组成，单璧直径3～5.1、孔径1厘米左右，双联璧长6.8厘米；四联璧长4.8厘米；绿松石坠长3厘米。玉质青色和白色，玉色斑斓。玉片扁薄，小璧体的内外边缘较薄，为钝刃状，磨制光滑，制作不甚规整。有单璧、双联璧、四联璧，这种联璧在同期红山文化、良渚文化中均有出土。此串饰出土于墓主人头颈部，当为项饰，为山东地区难得一见的多件璧组成的玉串饰。

## 龙山文化玉器

山东龙山文化是由大汶口文化发展而来的新石器时代考古学文化，其年代为距今4600～4000年左右。山东龙山文化分布的中心区域主要在山东境内，其西到聊城、菏泽、商丘和周口东部，南界大致在淮海以北的苏北和皖北一带，东至黄海，而外延的北界大抵在辽东半岛南部。玉器可分为用具类、装饰品类和礼仪类三类。用具类有锛、斧、矛等，装饰品类有锥形器、镯、方形镯、璜、环、鸟形饰、半月形饰、牙璧、头冠饰、竿、珠等，礼仪类有钺、多孔刀、兽面纹锛、牙璋、琮、璧等。

**兽面纹玉锛**　龙山文化礼仪用玉，山东省日照市两城镇征集，现藏山东省博物馆。

长17.8、刃宽4.9、厚0.5厘米。玉质青中泛黄色，质坚硬，上半截有白斑和白色沁蚀，原断为两截，受土沁形成不同颜色，通体抛光。器体呈扁平长方形，单面刃稍宽，厚薄均匀，四面平整光滑。近背部两面阴刻神兽纹，头顶为"介"字形的冠形装饰，旋转形双目，两眼正视，有一种狰狞感。两面图案皆突出于目、鼻、口的刻画，或为古代鬼神的脸谱或为被人格化的兽面纹。构图对称，线条繁缛，纤细有力，行刀流畅。锛是部落首领权力的象征物。兽面纹与良渚文化兽面纹饰相似，似有某种宗教意义，应是当时人们所崇拜的图腾形象的刻画。

**玉琮**　龙山文化礼仪用玉，山东省五莲县丹土村出土，现藏五莲县博物馆。

高3.5、边宽7.3、直径7.1、孔径6.6厘米。玉质褐黄色，局部显露墨绿色的玉质。琮呈矮方柱体，内圆外方，中有圆孔，孔较大，器外表四面平整，每面由较宽的竖槽一分为二，由三条很窄的横槽，分为相等的四节。琮身外侧所饰三道双阴线弦纹和大圆圈眼组成的兽面纹，与良渚文化出土玉琮相似。此琮制作规整，琢磨光滑。

**竹节形玉笄**　龙山文化装饰用玉，山东省临朐县西朱封202号墓出土，现藏中国社会科学院考古研究所。

通长23厘米。由两部分组合而成。笄首长9、宽4.5、厚0.4厘米。玉质乳白色，局部有褐斑。正视呈扁平扇形，对称

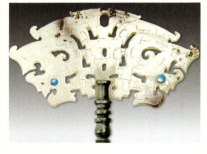

透雕纹饰，镂孔间有阴刻线纹，类似良渚文化冠状器。其顶部作两侧卷翘的冠冕状，中部和下部居中分别以椭圆形、折角形、卷云形镂孔显示眉、目、鼻、口的形象，左右两端雕镂出翼状耳，并用四颗圆形绿松石饰件镶嵌在玉件两面的左右耳垂部位。玉件正反两面，在鼻下磨出长方形凹面，凹槽两侧各有一圆形小孔，当用于穿绳以捆缚固定嵌件。笄长19.5厘米。玉质呈墨绿色，通体有三组竹节状旋纹，断面略呈扁圆形，一端尖锐，另一端有深槽，用以嵌插笄首。此透雕笄首为中国新石器时代玉器所仅见，体现出极高的琢玉工艺水平。

# 庙底沟二期文化玉器

　　庙底沟二期文化是中原地区的新石器时代考古学文化，其分布范围以晋南地区为中心，东到黄河以南的伊洛河流域，西到陕西关中以西的浒西庄一带，北到山西晋中太谷附近。其年代约为距今5000～4400年。玉器可分为用具类、装饰品类和礼仪类。用具类有斧、铲、刀、凿等，装饰品类有牙璧、环、指环、璜、笄、绿松石腕饰、镯、兽头饰、管、坠等，礼仪类有钺、圭、琮和璧等。

**玉璧**　庙底沟二期文化礼仪用玉，山西省芮城县清凉寺墓地30号墓出土，现藏山西省考古研究所。

直径16.6、孔径6.7、厚0.5厘米。玉质青色，局部有白沁。器扁平，呈圆形，璧面平整。中

孔为双面管钻，钻痕明显。外缘不规整有直边及刃状边。外
缘不规整，是晋南史前玉璧的特点。从璧的内外径来看，较
接近良渚玉璧的风格。新石器时代玉璧多用于随葬或祭祀，
反映着古代原始宗教意识。

**玉琮** 庙底沟二期文化礼仪用玉，山西省芮城
县清凉寺墓地52号墓出土，现藏山西省考古
研究所。

高4.2、宽7.3～7.5、孔径6.2、射高1厘
米。玉质青色泛白，有黑斑。矮圆柱体，内
圆外方，器上下两端各有一凸起的圆环形口
沿，射口外有凹槽。中心部位从上至下有一
圆穿，系双面对钻而成。外部作方筒形，光
素无纹，磨制光滑，制作规整。考古资料显
示，玉琮最早出现于距今5000多年前，以
江苏南部和浙江北部良渚文化的遗址、墓葬
出土最多，故可判定琮当起源于中国东南地
区，其后逐渐传播于黄河流域。

**玉钺** 庙底沟二期文化礼仪用玉，山西省临
汾市下靳410号墓出土，现藏山西省考古研
究所。

长13.5、背宽8.3、刃宽9.3、厚0.8厘米。玉
质灰褐色。器扁平，呈斜梯形，顶端较平，
微残，两边斜直，底端刃部斜直，双面刃。
中部管钻一孔，单面透钻，尚留有管钻错位
游移痕迹。

**玉环** 庙底沟二期文化装饰用玉，山西省临
汾市下靳47号墓出土，现藏山西省考古研究
所。

直径12、孔径7、厚0.4厘米。玉质青白色，
有沁斑。器扁平，呈圆环状，内厚外薄，磨
制精细。该环已断为两部分，断裂处分别钻
有三个圆孔，推测当是将断环缀合所用，可
见先民对玉料的珍惜及玉环之珍贵。

## 陶寺文化玉器

陶寺文化是中原龙山文化的一支，亦为新石器时代考古学文化，年代约距今4600～4000年。主要分布于晋南地区，以陶寺遗址出土玉器最多，陶寺遗址总面积400万平方米。玉器可分为用具类、装饰品类和礼仪类。用具类有锛、凿、镞等，装饰品类有环、璜、梳、组合头饰、镶嵌腕饰、镯、项饰、指环、管、珠、兽面等，礼仪类有钺、圭、琮、璧、复合璧等。

**玉钺** 陶寺文化礼仪用玉，山西省襄汾县陶寺墓地1265号墓出土，现藏中国社会科学院考古研究所。

长12.6、宽4.7～5.3、厚0.3厘米。玉质乳白色，有沁斑。器扁薄，近长方形，背缘平直，侧缘一边外弧，一边内收，斜刃，棱角分明，琢制技术纯熟。近端部中间钻一圆孔，落孔准确。钺一般是被捆绑在木柄上，在祭祀祖先或进行巫术及某种重大活动时舞动，以示庄重威严。

**玉璧** 陶寺文化礼仪用玉，山西省襄汾县陶寺墓地1423号墓出土，现藏中国社会科学院考古研究所。

直径12.5、孔径6.2、厚0.3厘米。玉质呈白褐相间并杂有蛋青色斑纹，局部半透明。器呈圆形，内外缘直边，制作精致。在各地史前玉器中，如此薄的璧尚属罕见。环形玉器磨

薄现象是陶寺玉器的特色之一。这件玉璧证明，当时开料和磨
制技巧都已达到极高的水准。

**镯形玉琮** 陶寺文化礼仪用
玉，山西省襄汾县陶寺墓地
1267号墓出土，现藏中国社会
科学院考古研究所。

高2.5、直径7.2～7.5厘米。
玉质呈豆青间白色，表面光洁
润泽，局部受沁。通体如筒状
臂环。内外皆圆，无射。外侧
周缘分别以阴线刻长方框，在
较宽的四个弧面上，各磨出近
三棱形的横槽三道。通体磨制
光滑，出土时，套在死者的右臂上。根据迄今发现的史前玉
石琮，可知镯形琮之出现先于外方内圆的玉琮。

**兽面形玉饰** 陶寺文化礼仪
用玉，山西省襄汾县陶寺墓地
22号墓出土，现藏中国社会科
学院考古研究所。

长6.4、宽3.4、厚0.2厘米。
玉质白色，温润细腻。器扁
平，头上有三凸形冠，其下
出钩状"飞鬓"，眼睛为镂空
形，鼻翼突出于上颌以下。整
个形象充满着神秘的色彩。所
谓三凸形冠，实即羽冠，亦即
鸟冠。钩形造型，可能是后世发饰的"飞鬓"。其戴三凸冠
的造型，可在山东龙山文化、湖北石家河文化的兽面形、人
面形玉器中找到相似的实例。

# 陕西龙山文化玉器

　　陕西龙山文化是指分布于陕西渭河流域的
新石器时代考古学文化，又被称为客省庄二期文

化，年代大致为距今4500～4000年。玉器种类有斧、锛、凿、铲等用具类，环、镯、璜、多璜联环、牙璧、笄、坠饰、管、鸟、人头像、绿松石饰等装饰品类，钺、刀、圭、璋、牙璋、琮、璧等礼仪类。钺大部分为宽短形，斜弧刃。刀以窄长形的多孔刀居多。

**玉钺** 龙山文化礼仪用玉，陕西省神木县新华村祭祀坑K1出土，现藏陕西省考古研究所。

长14.8、柄端宽8.6、刃端宽10、厚0.2厘米。玉质墨绿色，不透明，夹有杂质。器体扁平，近梯形。凸弧刃，刃部略薄，直背，近柄端处有一个单面钻圆孔，孔呈马蹄状，孔径1.85厘米。玉钺磨制精致，器体很薄，质地硬脆，无法使用，仅是仿用具和武器形的非实用性玉器，应是当时的仪仗器。

**玉铲** 龙山文化礼仪用玉，陕西省神木县新华村祭祀坑K1出土，现藏陕西省考古研究所。

长17、宽8.15、厚0.4厘米。玉质淡黄色，夹杂黑色瑕斑。器扁平，呈长方形，一角已残。两短边斜直，一长边上有一半圆形缺口。刃部较薄，削去一角。柄端部位有一个单面钻圆孔，孔径1.2厘米。玉铲磨制精致，虽残，仍不失为精品。新石器时代晚期的玉制用具，已不单单是生产工具，更多的具有宗教意义，标志着个人财富以及与之相适应的某种权力的出现。

**玉璋** 龙山文化礼仪用玉，陕西省神木县石峁遗址出土，现藏陕西历史博物馆。

残长34.5、首端残宽7.8、柄厚0.3厘
米。玉质墨色，器表有水蚀斑垢。体
扁平，形似铲，首部歧出如两个齿牙
相对，内凹成月牙状，刃在里侧。柄
作方形，正中穿一孔，末端斜形。柄
体连接处向两侧突出成齿状饰。器表
有阴刻的平行线和交叉线。刃口浑
圆，没有开刃，可知此器已非实用
物，当有某种象征性意义。此器又名
刀形端刃器。

**玉琮** 龙山文化礼仪用玉，陕西省延
安市芦山峁遗址采集，现藏延安市文
物研究所。

高4.4、直径7、厚0.3厘米。玉质青
黄色，间有褐红色沁斑。器呈矮方柱
体，内圆外方，圆孔较大，内壁光
洁，外壁刻划凸出的直条纹，上层三
道，下层两道，角部上下均饰象征兽
面的圆形纹饰，具有良渚文化玉琮的
某些特征。此琮已裂成大致相等的四
块，每块裂线处，左右各钻有两个小
圆孔，使其系接在一起，反映出原始
先民对玉的珍爱。

**玉牙璧** 龙山文化装饰用玉，陕西省
延安市芦山峁遗址出土，现藏延安市
文物研究所。

直径10.3、孔径6.2、厚1.2厘米。玉
质青黄色，边缘有少量浅褐色。体扁
平，呈环状。内孔圆形，外缘雕琢出
四个对称的缺口，每个缺口长2.3、深
0.3厘米。此类器常见于黄河中下游龙
山文化遗址中，始见于山东大汶口文
化，流行于辽东半岛及黄河流域的龙
山文化区，殷周还见其遗制。

**七孔玉刀**　龙山文化玉质用具，陕西省延安市芦山峁遗址出土，现藏延安市文物研究所。长54.6、宽10、厚0.4厘米。玉质青灰色，间有粉白纹斑。刀呈长方形，一长边为刃部，双面磨制，中部略向内弧，刃锋利。刀两端各有若干小齿凸起。刀背平直。器身中有四孔，近脊背处有三孔，略呈半圆形。估计此器制作时可能改工。整器造型规整，通体磨光，细腻光润。多孔刀在江苏北阴阳营青莲岗文化、安徽潜山薛家岗文化、山东龙山文化、陕西神木石峁龙山文化等遗址均有出土。

## 河姆渡文化玉器

河姆渡文化是主要分布于宁绍平原东部杭州湾南岸的新时器时代考古学文化，年代约为距今7000～5300年。玉器种类为玦、璜、管、珠、环、坠饰等小型装饰品。河姆渡遗址是我国迄今考古发掘最早出土玉璜的遗址，玉玦则是长江下游地区所出的同类器物中所见最早的。

**玉玦、玉管**　河姆渡文化装饰用玉，浙江省余杭县河姆渡遗址出土，现藏浙江省博物馆。玦2件，直径2～2.2厘米；管2件，长2.61～3厘米。萤石质，灰白色。玉玦器体呈环形，一面略弧，另一面较平，缺口较窄，外缘及孔缘均不规整，缺口面不平直，造型不很规范。表面粗糙，琢工不精，留有明显的手工琢磨痕迹。玉管中有穿孔，琢制光滑。

## 崧泽文化玉器

　　崧泽文化是长江下游地区新石器时代的考古学
文化遗存，年代约为距今5900～5300年，主要分布于
太湖流域地区。玉器的种类有璜、口含、镯、环、
坠、管、珠、小玉璧、耳饰等和礼仪类钺。其中以璜
为主，玦少见。

**鸡心形玉含**　崧泽文化丧葬用玉，上海市青浦县崧泽遗址92
号墓出土，现藏上海博物馆。

长4.2厘米。玉质碧绿色。体扁平，呈鸡心形。一端宽圆一
端尖锐，中有一圆形孔，是以管钻从单面钻成。通体光素无
纹，造型规整，琢磨精致。此器出土时置于墓主口部。崧泽
文化时期的墓中共发现三件玉含，另有圆饼形和璧形两件，
它们是迄今所知最早用玉做成一定形式的器物含入死者口中
的例证，代表了长江下游地区最早出现的葬玉新风尚，说明
中国的这一风俗，最晚在五千年以前已开始流行。

**桥形玉璜**　崧泽文化装饰用
玉，江苏省吴县草鞋山88号墓
出土，现藏南京博物院。
长9、宽1.5～1.9厘米、厚0.3～
0.4厘米。玉质淡绿色，有褐
斑。体扁平，倒置似拱桥形。
上端两侧有小孔，正面微弧
凸，背面有数道粗细不等的切割痕迹，器表磨制光滑。桥形
璜是一种特殊样式的璜，在长江中下游地区史前遗址中较常
见，出土时多置于人骨胸部，系胸饰。

**鱼鸟形玉璜**　崧泽文化装饰用
玉，上海市青浦县崧泽遗址64
号墓出土，现藏上海博物馆。
长6.6厘米。玉质湖绿色，间
有灰白斑纹。体扁平，一端
似鱼形，另一端似鸟形。上
端两旁各有一穿孔，系单面

钻，孔缘不规整，留有明显的悬挂磨损的痕迹。器表磨制光滑，造型别致。玉璜出土时置于尸骨的颌下部，证明玉璜确是项饰。

## 良渚文化玉器

　　良渚文化是长江下游地区的新石器时代的考古学文化，年代距今5300～4000年。其文化主要分布于环太湖地区，其南端到钱塘江，北至江苏常州一带。玉器种类可分为用具类、装饰品类以及礼仪类。用具类有斧、铲、凿、纺轮等，装饰品类有璜、镯、玦、管、珠、带钩、锥形器、鸟形佩、蛙形佩、鱼形佩、觿、串饰等，礼仪类有钺、璧、琮、冠形器、三叉形器、组合项饰等。其种类繁多、数量巨大是中国同时期的考古学文化中所不见的。

**神人兽面纹玉琮**　良渚文化礼仪用玉，浙江省余杭县反山12号墓出土，现藏浙江省文物考古研究所。

高8.8、孔径4.9、射径17.1～17.6厘米。玉质黄白色，表面有不规则紫红色瑕斑。器呈扁矮的方柱体，俯视如玉璧形。转角布列四节八组简化兽面纹，其两侧各雕一鸟纹，鸟的头、翼、身均变形夸张。四个柱面中间直槽内上下各琢刻一神人与兽面复合的图像。上部为头戴丰茂羽冠的人面，两臂曲折向内，双手扶住兽面大眼。兽面为宽嘴，其两侧连接前肢，下端是兽的前爪。整体形象是一位面目庄严的男子，骑在巨兽上。这种神人兽面复合像应是良渚人崇拜的"神徽"，也是良渚文化玉器上的典型纹饰。这件"琮王"出土时平正放置在墓主人头骨左下方，是一件神圣崇高的礼器。

**兽面纹玉琮** 良渚文化礼仪用玉，江苏省吴县张陵山4号墓出土，现藏南京博物院。

高3.5、孔径8.2、射径10厘米。玉质黄绿色，有褐红斑，润泽晶莹。整体为圆筒形，对钻大圆孔，孔壁有一周台阶痕，外表有四块对称的长方形凸弧面。其上阴线刻兽面纹，粗眉圆眼，横鼻阔口，獠牙外露，十分凶猛。图案以对称手法表现，眼睛为双重圆圈，眉毛为重叠弧线宽带，用双线勾出阔嘴双唇，上獠牙在外缘伸出下唇，下獠牙在内缘伸出上唇，线条刚劲，是目前我国发现刻于玉器上最早的兽面纹之一。

**神人兽面纹玉琮** 良渚文化礼仪用玉，上海市青浦县福泉山9号墓出土，现藏上海市文物管理委员会。

高5、孔径6.7～6.9、射径7.1～7.4厘米。玉质湖绿色，有透光性。矮方柱体，上大下小，内圆外方。中间对钻大圆孔，孔壁磨光。器表四面纹饰分为上下两节，上节为带冠的人面纹，下节为兽面纹。在人面和兽面的两侧各刻一只飞鸟，每一组神人兽面纹饰布列四只飞鸟，全器共四组十六只飞鸟，这一图案可称为神人神兽神鸟图案。所有刻线均细如毫发，堪称良渚文化玉器珍品。

**兽面纹三叉形玉冠饰** 良渚文化礼仪用玉，浙江省余杭县瑶山10号墓出土，现藏浙江省文物考古研究所。

长7.4、通宽5.2、厚1.3厘米。玉质白色，有少量褐斑，晶莹润泽。整器呈"山"字形。底部圆弧，上部锯切出平齐的三竖叉，刻满羽毛纹，代表兽面所戴之羽冠。中叉上有纵向贯孔，出土时尚插有玉管，推测原玉管内也应插有羽毛。正面以浅浮雕兼阴线雕琢出兽面，大圆眼，宽扁鼻，大阔嘴，嘴内一对獠牙毕现，四周刻饰卷云纹。背面光素无纹。此器厚重，形象传神，是玉冠饰的代表作。玉冠饰出土时置于死者的头部，可知原是用于地位显赫之人，如酋长的冠饰。玉冠饰上所刻羽毛纹或插入的鸟羽，则证明酋长的冠上也饰鸟羽毛。它象征着中国王权的诞生。

**神人纹玉钺**
良渚文化礼仪用玉，浙江省余杭县反山12号墓出土，现藏浙江省文物考古研究所。长17.9、肩宽14.6、刃宽 16.8、厚0.8厘米。玉质青色，表面有少许褐斑，略透明。体宽阔扁平，作"风"字形。肩窄刃宽，刃部两侧弧尖，两侧边缘略内弧，背脊略短。近背处钻一孔，孔径仅0.5厘米。背脊隐约可见两道斜向捆扎痕迹和密集的磨擦痕。刃部两角均有纹饰，且两面相对，上角浅浮雕头戴冠、四肢俱全的神人与兽面复合的图像。下角为浅浮雕神鸟纹，鸟头向外。在钺体上雕刻鸟纹，为所有良渚玉钺所仅见。与钺同时出土的还有玉钺的冠饰和端饰，它们之间原有木柄相连，通长计80厘米，置于墓主人左侧。

**玉钺冠饰**　良渚文化礼仪用玉，浙江省余杭县瑶山7号墓出土，现藏浙江省文物考古研究所。
长7.7、宽6.7、厚1.5厘米。玉质白色。整体近方形。上部顶端倾斜，作台阶状，前端尖凸如角。器身两侧各有三道横向凸脊，将其分为上下两部分，分别刻有竖向羽状纹和卷云纹。底端中段有长方形凸榫，上有横向圆孔穿透凸榫，榫中开直向的卯槽，凸榫两侧各有一不规则的卯孔。根据其出土部位，此器应卯合于钺柄前端，当为钺冠饰。

**玉钺镦**　良渚文化礼仪用玉，浙江省余杭县瑶山7号墓出土，现藏浙江省文物考古研究所。

长7.5、宽3.5厘米。玉质白色。整体近长方形，底端呈台阶状，与钺冠饰相呼应。承接器柄的一端有椭圆形榫头，并有横向凹槽，凹槽中有长方形卯孔，便于安装。器身两侧的装饰图案也为三道横向凸脊，上刻有羽状纹和卷云纹，与玉钺冠饰的装饰图案相似。

**兽面纹玉璜**　良渚文化装饰用玉，浙江省余杭县瑶山11号墓出土，现藏浙江省文物考古研究所。

长12.7、宽4.8、厚0.35厘米。玉质白色。整体作半璧形，下端圆弧，边缘略薄。两面对称用透雕及阴线刻技法，雕琢兽面纹图案。两端各以对钻孔为兽面的眼，并用阴刻勾勒出枣核形的眼眶，中部用弧边十字形或三角形透孔表现鼻梁和鼻翼，下端用弧形透孔和阴刻线勾勒出阔嘴。此器镂孔，留有阴线勾勒、管钻、线切割等琢制痕迹，是研究良渚文化琢玉工艺的珍贵标本。

**神人兽面纹玉牌饰**　良渚文化装饰用玉，浙江省余杭县瑶山10号墓出土，现藏浙江省文物考古研究所。

长8.3、宽6.2、厚0.6～1.2厘米。玉质白色，局部有褐色块斑。整体平面似倒三角形，底角圆钝呈弧形。正面以浅浮雕和阴线刻成神人和兽面的组合图像。牌饰上端为神人头像，头戴羽冠，中有凸脊，是为羽冠之顶。脸作倒梯形，橄榄形眼眶，单圈眼，蒜头鼻，扁圆嘴，神人颈两侧有椭圆形镂孔，勾勒出细长的脖颈。下端较厚，为凸面兽面纹，圆眼外凸，四重圈眼眶，鼻翼上刻饰卷云纹，大阔嘴琢刻在器底下缘，两侧各刻有两对獠牙。器背面平整，有斜向钻成的四对小隧孔，应为穿缀之用。该器制作精致，构图巧妙，为良渚文化玉器之精品。

**玉龟** 良渚文化装饰用玉，浙江省余杭县反山17号墓出土，现藏浙江省文物考古研究所。

长3.2厘米。玉质浅黄色，有灰白块斑。头颈前伸，四爪短小，作爬行状。背上有纵向背向两侧倾斜，中部有一道短脊线。腹底平整，有一对小隧孔。整器雕琢简练，造型生动。

**兽眼玉鸟** 良渚文化装饰用玉，浙江省余杭县瑶山2号墓出土，现藏浙江省文物考古研究所。

长3.2厘米。玉质青色，有褐斑。整体为飞翔的鸟形，上端尖凸，下端舒展，尾端平凸，底面平整有三对小隧孔。鸟头后饰二兽眼，用浅浮雕和阴刻线琢出兽面形象，此与玉琮兽面纹兽眼相同。如将鸟嘴向下，犹如俯冲而下的青鸟，又似挺角露齿的牛首，造型奇特。兽眼鸟纹反映了当时鸟兽崇拜的内容，而鸟崇拜来源于良渚人以水禽捕鱼的渔猎活动。

**神人兽面纹玉锥形器** 良渚文化装饰用玉，上海市青浦县福泉山9号墓出土，现藏上海市文物管理委员会。

长15厘米。玉质湖绿色，润泽晶莹。通体作方柱形，一端作钝尖，另一端有短柄，柄上有对钻小孔。方柱体上雕有两节神像纹，每节以对角线为中心，各刻一组。以两条横档、两个圆圈和一条横凸块组成神脸，再以两个椭圆形凸面、线刻圆圈及桥形凸块组成兽面。此器质地透明，雕琢精细，为同类器之精品。

**乳钉纹柱形玉器** 良渚文化玉质用具，浙江省余杭县反山16号墓出土，现藏浙江省文物考古研究所。

通高4.2、直径4.3厘米。玉质白色，有浅黄色斑块。矮圆柱体。上下宽，中间较窄，中心有一对钻孔，纵向贯通。上端带盖，盖与柱体玉质玉色相同，盖面光素，顶弧凸，盖底平整，底中央有斜向对钻的小隧孔。柱体纹饰以浅浮雕和阴纹线刻雕琢而成。上下两端均有凸起的边额，中为两排乳钉状的圆凸，左右相邻的乳钉之间以粗细两条平行线相连，上排乳钉另有半圆形的弧线在上下两侧错开相连，构成连续性图案。纹饰较为少见。

**兽面纹玉带钩** 良渚文化玉质用具，浙江省余杭县反山14号墓出土，现藏浙江省文物考古研究所。

长7.5、宽4.5、厚3.6厘米。玉质粉白色，上有浅黄色块斑。通体呈长方形，一端有纵向圆孔，可穿带连接。另一端钩头向下向内曲折，线割成弯钩状。正面弧凸，背面平整。正面雕琢兽面纹，图案较为简单，单圈圆眼，外眶有椭圆形眼睑，以桥形凸面相连，鼻子为内凹的扁方形。带钩上雕琢纹饰，为良渚文化玉器仅见。此带钩出土于墓主人的腹部，由此判断为上衣的挂钩，是实用品，开传统玉带钩的造型之先河。

# 北阴阳营文化玉器

　　北阴阳营文化是长江下游江苏宁镇地区的新石器时代的考古学文化，其时代距今约6200～5700年。北阴阳营墓地多使用璜、玦、管和坠。在玉器的使用上玉玦常发现于死者的耳部，可能作为耳饰。其中玉管、坠往往成组发现，形成一套串饰。种类有璜、玦、管、坠饰、泡饰、系璧、珠、条形饰以及与玉石质料相似的花石子。装饰品体形较小。器物多为厚片形，琢磨精细，表面光润。珠、管表面不甚平匀，均光素。

**玉玦** 北阴阳营文化装饰用玉，江苏省南京市北阴阳营191号墓出土，现藏南京博物院。

直径4.6厘米。绿色蛇纹石质，局部带沁痕。圆环状，环体有缺口，磨制光滑精致，出土时多置于人骨架的耳际，且缺口向上成对出现，应是耳环一类的装饰品。

## 凌家滩文化玉器

　　凌家滩遗址位于安徽省含山县铜闸镇凌家滩村，是新石器时代的考古学文化，年代约距今5500～5300年。玉器种类有用具类、装饰品类、礼仪类和玉芯料类。其中用具类有玉铲、斧和钻头等，装饰品类有环、璜、玦、管、镯、璧、人、鹰、龟、龙、刻纹玉版、三角形饰等多达20余种，礼仪器类有钺、戈等，同时墓葬中还较多地随葬玉（石）芯和碎玉料。

**玉钺** 凌家滩文化礼仪用玉，安徽省含山县凌家滩遗址20号墓出土，现藏安徽省文物考古研究所。

长24.2、刃宽13、端顶宽9、厚0.7厘米。玉质灰白色，有绿斑纹。器似梯形，扁薄。弧刃，两面磨制，从两侧延至顶部，略束腰，平顶，近顶有一对钻圆孔。钺表面留有多道弧形凹线，线形深浅、宽窄不一。可能是砣轮切割玉料时留下的切割痕，与良渚文化玉器上的线切痕几无差别。

**玉龙** 凌家滩文化装饰用玉，安徽省含山县凌家滩遗址16号墓出土，现藏安徽省文物考古研究所。

长径4.4、短径3.9、厚0.2厘米。玉质灰白色泛青。器扁平，呈椭圆形，龙体卷曲，首尾相连。龙吻部突出，头顶雕出两角，阴线刻出嘴、鼻，脸部阴刻线条表现折皱和龙须。龙身脊背阴刻规整的圆弧线，表现龙为圆体，连着弧线阴刻十七条斜线并两面对称，

似龙身鳞片，靠近尾部对钻一圆孔。玉龙两面雕刻基本相同，通体抛光温润，造型简练，风格粗犷，是迄今江淮地区新石器时代玉龙的首次发现，非常珍贵。

**玉鹰** 凌家滩文化装饰用玉，安徽省含山县凌家滩遗址29号墓出土，现藏安徽省文物考古研究所。

长8.4、宽3.5、厚0.3厘米。玉质灰白色。器宽扁形。鹰作展翅飞翔状。头和嘴琢磨而成，眼睛用一对钻的圆孔表示。两翅各雕一猪首。腹部规整地刻划一圆圈，直径1.8厘米，内刻八角星纹，八角星纹内又刻一圆，直径0.8厘米，圆内偏

上有对钻孔眼。尾部雕刻呈扇形齿纹。鹰两面雕刻相同，表面抛光润泽。于猪眼、鼻、腹、鹰眼处共钻六孔。玉鹰可能是凌家滩人用以拜星求雨的神玉，故它也有礼仪用玉性质。

**玉龟** 凌家滩文化装饰用玉，安徽省含山县凌家滩遗址4号墓出土，现藏故宫博物院。

高4.6、长9.4、宽7.5、厚0.3～0.6厘米。玉质灰白色。器圆雕，分龟背甲和腹甲两部分。背甲圆弧形，背上有脊、龟纹，两边各对钻两圆孔，两孔之间雕刻凹槽，背甲尾部对钻四个圆孔。腹甲中部较平，两边侧略弧。腹甲的两侧与背甲钻孔对应处也对钻两圆孔，腹甲尾部对钻一圆孔，这些上下对应

的孔应是拴绳固定之用。出土时长方形刻纹玉版夹在龟腹背甲之间，推测两器应同用，可能是用玉龟测占井星与太阳，以判定四方水旱吉凶。

**玉玦** 凌家滩文化装饰用玉，安徽省含山县凌家滩遗址出土，现藏安徽省文物考古研究所。

直径7.3、孔径5.3、厚0.5厘米。玉质乳白色，半透明，晶莹润亮。器扁圆形。环最宽处有一缺口，与缺口对应处较窄细。玦有一断痕，两边各对钻圆孔，两孔之间有暗槽相连，补接断口。这说明先民们对稀有的玉器十分珍惜。钻孔缀合，是凌家滩玉器的显著特点。

**玉环** 凌家滩文化装饰用玉，安徽省含山县凌家滩遗址23号墓出土，现藏安徽省文物考古研究所。

直径7.4、孔径4.3、小孔径0.2、厚0.2厘米。玉质灰白色，半透明。器扁圆形。环面上对钻圆孔三个，呈等腰三角形，通体磨光。环是凌家滩出土最多的玉器类型，截面有圆形、三角形、扁方形和扁形。环上钻三孔，呈等腰三角形布局的较多。在玉环上面钻孔，可能用于悬挂和固定。环的大量使用，也是江苏北阴阳营文化、安徽薛家岗文化、四川和湖北大溪文化晚期的共同特点。

**虎首玉璜** 凌家滩文化装饰用玉，安徽省含山县凌家滩遗址8号墓出土，现藏安徽省文物考古研究所。

长11.9、宽1.9、厚0.5厘米。玉质灰白色，有黄色沁斑。器扁圆弧形。璜的两端各浮雕虎首，用阴线、钻孔浮雕出眼、鼻、耳、前额上的皱纹及向前奔的爪。璜上阴线花纹表现虎的花斑，造型独特。凌家滩还出有四件虎头璜形器，表明先民对虎的敬仰。这件玉璜是已知玉璜中时代最早的一件。

**玉人** 凌家滩文化装饰用玉，安徽省含山县凌家滩遗址29号墓出土，现藏安徽省文物考古研究所。

长8.1、肩宽2.3、厚0.5厘米。玉质灰白色。器扁长形。玉人头戴圆冠，冠饰方格纹，长方脸，浓眉大眼，宽鼻梁，大嘴微闭，上唇饰八字胡须，两大耳下部各饰一孔眼。两臂弯曲，五指张开置于胸前，臂上各饰八个玉环，腰间饰斜条纹腰带。大腿和臀部宽大，腿显短，似为蹲踞状，脚趾张开。

**兔形玉饰** 凌家滩文化装饰用玉，安徽省含山县凌家滩遗址10号墓出土，现藏安徽省文物考古研究所。

长6.8、宽1.9、厚0.2厘米。玉质灰白色。薄片状，表面润亮，琢一飞奔状的兔。兔昂头，两耳紧贴脊背，后足抬起，尾上卷。兔下部琢磨长条形凹边，凹边上有对钻四个圆孔，可能为镶嵌所用。兔形玉饰所表现的不仅仅是动物本身，通过动物形体表现出的是某种原始宗教信仰，应具有某种特殊的含义。

**玉勺** 凌家滩文化玉质用具，安徽省含山县凌家滩遗址4号墓出土，现藏安徽省文物考古研究所。

长16.5、柄长9.5、

勺匙宽2.7、柄宽0.7、厚0.1～0.3厘米。玉质青绿色，泛白斑纹。器为长柄舌形汤勺。勺池琢磨细腻，勺柄弯曲细长，十分优美。柄断面呈半圆凹形，柄端扁圆，上有一对钻小孔。器表温润亮泽，制作精美。玉勺的发现表明，当时已有饮汤的餐具。这是我国目前发现最早的一件玉质勺。

## 大溪文化玉器

　　大溪文化是长江中游的新石器时代考古学文化，年代距今6500～5300年，主要分布于湖北中南部、四川东部和汉水中游沿岸。玉器种类有璜、镯、玦、璧、环、坠饰、管、珠、扁薄形刀、人面形玉饰等。基本上以装饰品为主。

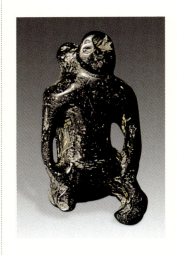

**人形玉佩**　大溪文化装饰用玉，重庆市巫山县人民医院遗址出土，现藏巫山县文物管理所。

长6.8，最宽3.5，最厚3厘米。玉质黑色。立体圆雕一大一小二人，作背负状。前面大人双手叉于腿上，半蹲状，后面小人贴于大人后背。大人面部琢两坑及点表示眼睛，小人面部则有三坑及点分别表示眼睛和嘴。器表磨制光滑，造型简约。

## 石家河文化玉器

　　石家河文化是长江中游地区新石器时代晚期的考古学文化，年代约为距今4600～4000年，主要分布在湖北、河南南部和湖南北部地区。玉器的种类有斧、锛、钻、凿等用具类，人头饰、人面饰、兽面饰、镂空兽面饰、镂空圆牌饰、兽形环、凤、龙、鹰、鸟、蝉、璧、璜、笄、管、坠等装饰品类。另外，还有礼仪类牙璋和一些玉石料、残片以及半成品等。其中大部分玉器随葬于瓮棺中，属于石家河文化晚期。而湖南澧县孙家岗的玉器则出于较大的土坑竖穴墓中，玉器有璧、璜、凤和龙等。

**玉人头像** 石家河文化装饰用玉，湖北省天门市石家河肖家屋脊遗址6号瓮棺出土，现藏荆州博物馆。

长2.85、冠顶宽2.2、厚0.55厘米。玉质黄绿色，光泽温润。器为长方形片状人头像。冠为平顶，前面饰对称的涡形云纹。菱形眼，外眼角向上翘，宽鼻，闭口。两耳垂环，环中间穿圆孔。颈部也有一圆孔。背面光平。石家河玉雕人像共发现十几件，多为常人头像，比较写实。玉人头像是石家河文化玉器中的精华。

**玉蝉** 石家河文化装饰用玉，湖北省天门市石家河肖家屋脊遗址6号瓮棺出土，现藏荆州博物馆。

长2.5、宽2、厚0.9厘米。玉质黄绿色，表面有粉状白斑。蝉头部口吻凸出，双目近似椭圆形。颈部较宽，上阴刻卷云纹，颈下有数道平行细弦纹。双翼收合，翼脉清晰，翼尖向上向外弯翘。两翼间露出带节的背和尾。蝉是石家河文化玉器中最多的一种器形，多数玉蝉刻有阴线卷云纹与翅脉纹，比红山文化、良渚文化的玉蝉更具有写实性，其重要价值在于开商周时代玉蝉造型之先河。

**兽面形玉饰** 石家河文化装饰用玉，湖北省天门市石家河肖家屋脊遗址6号瓮棺出土，现藏荆州博物馆。

长3.3、宽1.8、厚0.4厘米。玉质黄绿色，表面有白斑。器呈片状，两面光平，侧面和底面连成半圆形，为一抽象的透雕虎头形象。头戴人字形冠，两侧上方有弯角形饰物。眼为镂空形，鼻、口、耳等均未表现。戴羽冠的兽面造型与良渚文化的三叉形兽面纹冠相似。这种三凸形的冠饰，实际是被简化了的皇冠，它们同样属于被神秘化和神灵化的形象。

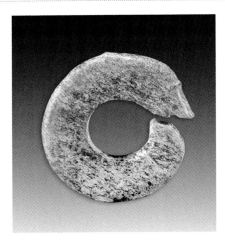

**玉龙** 石家河文化装饰用玉，湖北省天门市石家河肖家屋脊遗址6号瓮棺出土，现藏荆州博物馆。

最大直径3.8、体侧宽1.2、厚0.8厘米。玉质黄绿色，表面有灰白斑。整体作"C"字形。上颌尖凸，下颌短，口微开，额部有一道横凸棱，额顶至颈后部有长角形浮雕，尾呈钝尖。

**玉鹰** 石家河文化装饰用玉，湖北省天门市石家河肖家屋脊遗址6号瓮棺出土，现藏荆州博物馆。

身长1.9、翅尖宽4.2、厚0.35厘米。玉质黄绿色，表面有白色斑纹。器正面浮雕，背面光素。鹰长喙下勾，双目圆睁，胸背宽阔，尾部较圆，额上到后颈雕琢出羽毛。双翅向后斜展，并向上抬举，翅尖突出，呈现出展翅翱翔的形态，自然生动。

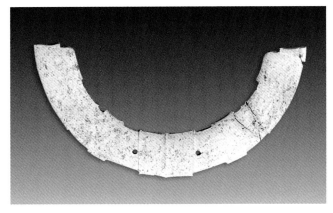

**玉璜** 石家河文化装饰用玉，湖南省澧县孙家岗14号墓出土，现藏湖南省文物考古研究所。

长12.7、厚0.6厘米。玉质白色，沁蚀严重。体扁平，断面呈扁梭形，弧度弯约170度。弧面正中部有一长3.6、宽2.3厘米的带状装饰，上下均突出于璜的边缘，用减地法剔刻。带状凸起两边各有一小孔。璜内外呈扉棱齿状凸出，因而使得整个璜看起来似半个牙璧。这种形式的璜甚为少见。

## 石峡文化玉器

石峡文化是珠江流域新石器时代的考古学文化，主要分布于粤北地区，年代距今约为4900～4500年。玉器种类有用具类锛、斧，装饰品类环、镯、璜、特形玦、笄、锥形饰、珠、管、绿松石片等，礼器类有琮、璧、钺等。上下边缘琢成不规则锯齿形玉璜以及边缘附设四个"C"形玉环是石峡文化所特有的器形。

**玉琮** 石峡文化礼仪用玉，广东省曲江县石峡遗址出土，现藏广东省博物馆。

高13.8、射径7.2厘米。玉质灰褐色。长方柱体，外方内圆，上大下小，四面平直，分五节。每节以方角为中轴刻出一组简化人面纹。内圆孔以双面管钻而成，孔内遗留有残断玉芯。石峡文化的玉琮其式样与良渚文化玉琮相似，表明两地之间互有文化交流和往来。

**玉玦** 石峡文化装饰用玉，广东省曲江县石峡遗址出土，现藏广东省博物馆。

直径6.2厘米。玉质青色。体扁平，环形残断。玦体有一缺口，周边有四个"山"字形饰，与环体形成和谐的组合装饰。形制规整，边、棱、角整齐划一。通体磨制光滑。此类玉玦为新石器时代装饰玉器中所罕见，代表了岭南地区的文化风貌。

## 卡若文化玉器

卡若文化是分布于西藏东部昌都地区的新石器时代考古学文化，其年代距今5500～4000年。出土玉器数量少，类型比较单一。玉器种类有玉斧、锛、刀、镞等用具类和璜、珠及垂饰等装饰品类。其中以用具占绝大多数。

**玉斧** 卡若文化玉质用具，西藏自治区昌都县卡若村遗址出土，现藏西藏自治区博物馆。

长21.5、刃宽5、厚3厘米。玉质墨绿色，表面有褐色沁蚀。为扁体长方形，剖面做长方形。四边有棱，腰平直。单面刃，有使用痕迹，应为实用器。玉斧是西藏高原史前遗址中较常见的实用玉器。

## 卑南文化玉器

卑南文化是台湾地区迄今所知范围最大、古文化遗留最丰富的一处新石器时代考古学文化遗址，年代为距今5000～2000年。玉器种类有用具和装饰品两类。用具有锛、凿、矛、镞等，装饰品有玦、珠、管、棒形饰、镯、璧、环和坠等。另外，还有大量的制作玉器过程中废弃的玉料。玉玦有环形、环状四凸形、长方形、"几"字形、单人形和卧兽双人形以及多环兽形等。

**双人形玉佩** 卑南文化装饰用玉，台湾省台东县卑南遗址出土，现藏台湾史前文化博物馆。

长6.7、宽4厘米。玉质暗绿色。器体扁平，透雕双人头上横卧一兽。双人体健剽悍，双手叉腰而立，肩端无项，细腰，双腿略分，脚下有踏板，两膝各有一横道。二人头顶的卧兽尖耳张口，躬身翘尾，身体上有一对补缀的孔。通器磨制平滑，造型独特。表现的可能是祭祀的场面。

# 纹　饰

**槽纹** 红山文化玉器主要装饰纹样，亦见于良渚文化晚期玉器。即利用阴线刻的方法，在玉器表面刻划出各式凹下的浅圆弧状剖面的凹沟槽（瓦沟纹），沟槽内常见垂直于沟槽之平行细纹。红山文化的阴线纹已较成熟，玉龟、鸟、鹰的阴线较短。玉龟的阴线较宽，粗放刚劲。沟槽较宽、槽底是凹弧形的，如勾云形佩和曲面牌饰。

**凸线纹** 红山、龙山文化玉器装饰纹样，凸线纹即"隐地凸起"阳线纹，最早见于红山文化的鹰形佩翅羽纹上，成熟期多见于龙山时代玉圭上的人面纹、兽面纹和鹰纹以及凤纹。它是利用浅浮雕的技法，在玉

器表面磨出凸起的线纹，故又可名为"减地起线"，即把起阳线以外的地子磨减下去，使阳线凸起。这些纹饰的工艺和艺术特征是规整且粗细均匀，线形圆润流畅。

**直线纹**（平行线纹、弦纹） 良渚文化玉器装饰纹样，玉琮上常见。以阴线刻的方法在玉琮的侧面雕刻数条平行直线纹。其特点是直线条工整匀细。另外在陶寺玉琮和龙山文化玉圭以及石峁牙璋的阑部常可见这种纹饰。

**鸟纹** 良渚文化玉器装饰纹样，鸟身往往雕琢成"兽面纹眼睛"形式，可见某种程度上鸟形象是神人兽面纹的一个组成部分。一般除了单独成件的玉雕鸟形象，还有的鸟纹与神人兽面纹共同组合成一个整体，它们均位于神人兽面纹的两侧，且鸟首朝向外侧。有异形造型与异形纹饰，神秘别致。异形造型者，如瑶山锥形饰，锥体上半部为圆锥形，下半部为四方琮形，并饰兽面纹。异形纹饰者，如瑶山鸟形佩上的兽眼鸟纹。良渚文化玉器的鸟纹，可分为

写实性鸟纹和神鸟纹两类，它们的共性是，主体为鸟，鸟头后附设二兽眼，兽面纹用浅浮雕和阴线刻出，其形象与玉琮兽面纹兽眼相同。兽眼鸟纹反映了当时鸟兽崇拜的内容。

**龙首纹** 良渚文化玉器装饰纹样，一般饰于玉镯、圆牌饰、璜、管及锥形器上，多饰于器物一周或外缘部位，以浅浮雕和线刻两种技法表现，视觉效果均为立体竖向。龙长脸，双角（耳），圆眼睛，阔口露牙，鼻梁处有"◇"形纹。其形象粗壮诡秘。此类龙首纹的图案结构与兽面纹之间既有区别又有紧密的联系。龙首纹的出现年代要比兽面纹早，良渚文化玉器上的神人兽面纹之兽面纹很有可能是直接从龙首纹发展而来的。

**神人兽面纹** 良渚文化玉器典型装饰纹样。良渚文化玉器的纹饰大多以神人兽面纹为主题，各件玉器的神人兽面纹繁简

不一，有的以神人兽面组合出现，有的则以神人或兽面单独为饰，并在平整的器表上与垂直折角的器面上作不同的设计。此组神人兽面纹雕琢在浙江省余杭县反山出土的玉琮表面，神人头戴羽冠，身披皮甲，双臂开张，骑坐在兽背上，显得十分威严神圣。兽双眼圆睁，口露獠牙，兽面与人面皆用浅浮雕技法表现，神人四肢则以阴刻线纹组成。简化之神人兽面纹的神人羽冠简化为长平行线，四肢消失，以小

圆圈纹与横档嘴组成人面纹。兽面双眼较大，椭圆形的眼眶朝向两侧上方倾斜，两眼之间有拱形鼻梁，下有横档嘴。雕琢规整细密，以浅浮雕与线刻相结合的手法雕刻而成，线刻工艺细如发丝。

**八角星纹** 凌家滩文化玉器装饰纹样，见于刻纹玉版和玉鹰上。刻纹玉版的中央和玉鹰的胸部均饰以阴线刻八角星纹。八角星纹当代表古代二十八宿鸟宿的井宿。八角星纹外的圆圈及羽毛纹，应表示太阳及四射的光芒。

**绞丝纹** 良渚文化玉器装饰纹样，见于瑶山祭坛遗址玉镯上，为浅浮雕兼阴线刻式样的平行斜向纹，犹如蚕丝缠绕成束把状。绞丝纹始自良渚文化，商周秦汉等历代均有继承。

# 夏商西周玉器

　　夏代玉器大致可分为两类：一是玉礼仪兵器，有圭、璋、钺、戚、刀、戈、镞等；二是装饰品，有柄形饰、管、珠、镯形器、绿松石饰、嵌绿松石兽面纹铜牌饰。装饰玉中以镶嵌玉器最有特色。河南二里头遗址57号墓出土的一件镶嵌绿松石铜牌饰，是我国早期"铜嵌玉（石）"工艺的突出代表，开夏代镶嵌绿松石工艺的先河。

　　从出土实物可以看出，夏代玉器多大件礼仪玉，且由兵器转化而来的礼仪玉器占相当大的数量，小件饰玉较少；多扁平几何造型，不见立体动物形象的佩饰用品；大多光素无纹，以质为美，所饰花纹多不在器物主要部位，而在边缘，主要装饰纹饰有三类：其一是扉牙，即在玉器两侧雕出对称的锯齿小牙，亦称之为扉棱；其二是用阴刻细线刻划的直线纹、斜格纹、云雷纹。玉刀两端、玉牙璋内与援相接处都有成组的阴刻直线和斜格纹，这些线较细，但雕得较深，非常直。云雷纹则见于玉圭；其三是兽面纹，橄榄形眼眶，圆眼珠，宽鼻翼，阔口，见于柄形器。钻孔多为一面钻孔，一头大一头小，光滑圆整，一器数孔，大小基本一致。

　　夏代玉器虽然发现很少，但却上承新石器时代玉器的造型、风格，下启商代玉器之先声，其在历史交替时期的承上启下作用是显而易见的。

　　商代玉器是在新石器时代和夏代玉器的基础

上发展起来的，出土数量较多，范围较广。目前学术界将商代玉器分为早晚二期。

商代早期（约公元前1600～前1300年）玉器品种主要有璧、牙璋、戈、铲、凿、笄、柄形器、璜等。种类及数量都很少，造型简单，基本无纹饰。湖北黄陂盘龙城商代遗址出土了20多件玉器，品种有仪仗类的戈、工具类的雕刀以及装饰品类的柄形饰、玉蝉等。商早期玉器最突出的是形体较大的玉戈，一般刃部都无使用痕迹，应为商代礼器。此外，动物形象的佩饰开始出现。

商代玉器高峰期在商代晚期（约公元前1300～前1046年），即盘庚迁殷后250余年间，玉器工艺得到了蓬勃发展，品种之繁，工艺之精，数量之多，纹饰之繁复，令人叹为观止。

商代晚期玉器，以安阳殷墟出土的最为集中。殷墟位于河南省安阳市西北郊，范围约24平方公里，包括小屯村、武官村、侯家庄、大司空村等村落。据不完全统计，1949年前，殷墟出土玉器在1200件以上。1949年后，殷墟发掘在原有基础上取得更大成就，其中尤以在小屯村西北发掘的商王武丁妻子妇好墓最为著名，该墓随葬玉器达755件之多，品种繁多，造型各异，玉质优良，制作精细。特别是圆雕人物、动物及各类装饰、佩饰玉的出土，大大丰富了商代玉器的内容，这些精美的玉器代表了商代玉器工艺发展的水平。

商代玉佩饰在玉器中占的比例很大，数量及品种都很多。尤其是动物形象异常丰富，造型生动优美，雕琢细腻，绝大多数为极薄的扁平器，也有立体圆雕作品。扁平器仅表现雕琢对象的外形轮廓，有剪影式的艺术风格。

商代玉器造型朴拙，运用写实与夸张的手法，轮廓简练，注重突出人物、动物的头部、眼睛和鼻子的刻画。大眼、大鼻、大嘴是商代人物、动物的特点。人物与兽面的眼睛以"臣"字形眼为主，眼球超过眼眶，亦有平行四边形眼、圆圈眼。玉雕动物之角也很有特色，主要有三种：蘑菇角，下部如粗柱，顶端有一圆锤，似未开的蘑菇，多饰在龙之身上；牛角，较短，下端较宽，上端极锐，弯度较大，两侧为弧形，角上饰成排的双连弧纹；羊角，一端粗，另一端锐，弯成"⌐"形或"∏"形。

商代玉器纹饰极为丰富，以简单的几何纹为主，直线纹、斜线纹、重环纹、对角方格纹、双连弧纹、三角形纹、卷云纹、云雷纹、菱形纹、方折纹、回纹、兽面纹、饕餮纹以及各种人物动物形纹饰常见。纹饰刻划短直线多于弧形线，粗线多于细线，阴线多于阳线，刀锋较硬。双勾阴线纹是商代后期玉器上普遍出现的线型，它是由小型勾砣旋刻而成的两条匀细平行的阴线组成。由双勾阴线构成的卷云纹，是商代后期玉器纹饰的主体形式。

西周玉器大致可分为四类，一是礼仪仪仗玉器，有璧、琮、圭、璋、戈、戚、钺、斧、刀、匕、铲、圭璧、琮璧组合等；二是装饰艺术品，主要有璜、环、玦、柄形器、管、珠、觿、组佩以及人、人龙合体和牛、鹿、兔、熊、马、羊、鱼、鸽、鹰、蚕、龟、蝉、贝、龙、凤、龙凤合体、兽面等各种动物形象的佩饰；三是丧葬用玉，主要有玉含、玉覆面、玉握等；四是少量的人物和动物立体圆雕陈设品以及簋、匜、罍等玉质容器。西周改制玉器较多见。大型结构复杂的组佩，双龙首纹璜、玦，双人首纹璜、玦，龙首束丝纹觿以及匜、罍、覆面、圭璧组合、璧琮组合皆为新创品种。玉器材质有和田玉、岫岩玉，还有少量的玛瑙、绿松石、水晶、滑石、汉白玉、煤精和天河石等，多为透闪石软玉。

西周玉器纹饰线条流畅，弧形线多于短直线，讲求曲线美。西周中期以后图案抽象和简化相结合，出现了对称纹饰。纹饰采用双阴线外侧大斜刀的技法，线条弯转流畅，内线较细，外线较粗。主要有卷云纹、重环纹，各种人物和动物形纹等。

西周玉器与商代玉器可以说是一脉相承，在造型、纹饰、雕琢技艺方面基本沿袭商代后期作风，但从总体来看有简化的趋向，雕琢技艺在继承商代双勾阴线的同时，独创一面坡粗线或细阴线镂刻的琢玉技法，变商代的两条垂直阴线出阳纹，为一条垂直阴线和一条斜坡阴线相交出阳纹，刚柔相济，利用不同反光和阴影之差，使玉器装饰更具立体感和图案美，它在鸟纹或兽面纹玉器上大放异彩，获得极佳的艺术效果。西周玉器多为平面片雕，圆雕作品少且多为小型。纹饰线条圆曲流畅，飘逸柔美。

# 器　形

## 礼仪用玉·璧

夏代玉璧发现极少，商、西周时期玉璧成为贵族阶层专用的礼器。商代玉璧多光素无纹，个别的在璧面琢有几周阴刻同心圆纹。有的璧之孔边还留有一周环状凸棱，器体边缘浑圆或略薄，工艺较为草率、随意。西周早期玉璧光素者多，边缘不甚规整，并遗留有切割痕与伤残痕迹，器面内厚外薄，常见有较深的直线截口。中孔单面桯钻。晚期璧面出现了以阴线刻划的卷体龙纹、凤鸟纹，云纹等，刻法常用宽细阴线加隐起阳文相结合的手法，宽阴线斜挖而成，线条较商代柔和流畅，构图也很严谨，极具特色。西周首开中国玉璧图纹装饰之风。

**同心圆纹高领玉璧**　商代晚期礼仪用玉，河南省安阳市妇好墓出土，现藏中国社会科学院考古研究所。直径18.6、孔壁高1.4、边厚0.4厘米。玉质绿色，有褐斑，两面有灰白色沁痕。扁平圆形，边缘和孔都较圆。孔周两面凸起呈圆口状，孔壁直而抛光，璧两面各有四组同心圆纹，每组由一条粗阴线和三条细阴线构成。线条规矩流畅，工艺水平较高。此式璧为商代典型玉璧形式。

**龙纹玉璧** 西周礼仪用玉，山西省曲沃县晋侯墓地63号墓出土，现藏山西省考古研究所。

直径15.6、孔径6.8厘米。玉质褐色。器为圆形。两面均饰有两条蟠曲的龙纹，龙首近璧的外缘，体躯呈圆弧形，双龙首尾相接，龙鼻上卷，张口，"臣"字形眼，眼角线勾曲，有利爪，双龙之间的空间刻有卷云纹。纹饰用宽细阴线加隐起阳文相结合的手法雕琢，精工细刻，线条弯转流畅而富有变化。

## 礼仪用玉·琮

　　夏代玉琮极少发现。商、西周时期玉琮数量不多，器体外方内圆，从出土实物看，这一时期琮的形体普遍矮小，玉琮切割规整，两端有射，中孔较大，琮体较新石器时代略薄。商代玉琮多光素或仅刻几道线纹和凸棱，四周凸面分饰蝉纹、弦纹等。此时玉琮已失去了良渚玉琮那种非同寻常的神秘感。西周玉琮造型皆呈高矮不等的方柱体，边角线挺拔刚劲，器面多光素无纹。极少数玉琮，在方体四个平面上雕刻有鸟纹或其他纹饰，纹饰线条柔美流畅。

**玉琮** 商代晚期礼仪用玉，河南省安阳市妇好墓出土，现藏中国社会科学院考古研究所。

高2.8、直径7.2、射径6.7、厚0.5厘米。玉质墨绿色，半透明。器呈矮圆柱形，四周琢磨出四个弧形凸棱，凸棱中间各有两条平行横线，将纹饰分为上下两段。以凸棱为中线，两侧各有两个凸起的圆点，近似兽面的眼睛。凸棱两边各有竖直阴线两组。表面纹饰精致，孔近直，内外抛光。

**蝉纹玉琮** 商代晚期礼仪用玉，江西省新干县大洋洲乡商代墓出土，现藏江西省博物馆。

通高7、孔径6.3、射高0.5、射壁厚0.8～1.2厘米。玉质牙白色，有紫斑。器为矮圆筒体，有短射，分为上下两节，每节的四角都有凸棱形成对称的方弧面，其上浮雕蝉纹，蝉尾相对。器身刻阴弦纹多条，中腰横刻0.6厘米宽的凹槽一周。表里均抛光。此器形制独特，应是内圆外方琮的变体。

**玉琮** 西周早期礼仪用玉，陕西省西安市山门口出土，现藏西安市文物保护考古所。

高7.6、孔径4厘米。玉质青绿杂有白色。器呈方柱体，外方内圆，两端有射，通体光素无纹，是西周素面玉琮的典型器。

# 礼仪用玉·圭

　　夏代玉圭沿袭了龙山文化玉圭的遗风，均为平首，呈扁平长条状，穿孔，钝端穿一孔的多光素无纹，穿双孔的孔旁有阳文横直线或细阴线刻划的菱形四方连续式云雷纹装饰。商代玉圭有两种形式，一种仍沿用夏代玉圭的样式，平首带穿，有的玉圭上出现了纵向的双阴线条纹或用挤压法雕出的凸起直线纹，另一种尖首平端圭，近似后代的圭。西周玉圭一般为尖首长条形，圭身素面，制作精良。

**槽纹玉圭** 商代晚期礼仪用玉，河南省安阳市妇好墓出土，现藏中国社会科学院考古研究所。

长22.7、宽3.8～4、厚0.9厘米。玉质深绿色，上有棕黄色沁斑。器呈扁平长条形，刃宽端窄。端部平，靠端中部有一圆穿。刃厚，转角圆润。圭身两面分别琢刻竖直阴线槽纹八条，中间六条两两紧依，靠端部又琢以四条横行线，两两相依。此种形制的圭与《古玉图考》著录的"琬圭"相似。

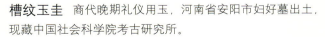

**玉圭** 西周中期礼仪用玉，陕西省扶风县黄堆村25号墓出土，现藏周原博物馆。

2件，左残长5.5、宽1.1、厚0.1厘米；右残长5.8、宽0.8、厚0.15厘米。玉质青色较佳，上有白点沁斑。器呈尖首长条形，左圭两面平整，中部似残断，右圭中部起脊，底部似残断，两器均通体磨光，光素无纹。

## 礼仪用玉·璋

　　夏代玉璋目前多见于河南二里头文化遗址，器体较长，首端呈叉状凹弧刃，两尖斜出自然而不对称。柄部两侧常琢饰出对称的扉棱阑，在阑之间常有数道阴线直线纹或网格纹。商代玉璋器身较长且扁薄，顶端弧刃或开出一个大小不等的豁口，从而形成两个凸尖状角，有的还在上面装饰了一只小鸟。身与柄之间均有阴刻平行线条，并在两侧琢出齿状扉棱。柄中有一圆穿，少数者，器面琢有纹饰。商代玉璋主要出土于四川广汉三星堆和成都金沙遗址，似与陕西石峁和二里头文化玉器有密切关系。西周玉璋比较少见，器形与商代近似，器身窄长，尺寸较小，中略内凹，三角形端刃一尖长，一尖短，长方柄，扉棱之间亦饰有平行线。

**玉璋** 商代晚期至西周早期礼仪用玉，四川省成都市金沙遗址出土，现藏成都文物考古研究所。

长42.25、宽4.32～9.18、厚0.36～0.55厘米。玉质墨色，质地较纯净，身两侧呈现出黑褐色斑纹。呈长条形，不对称，器体扁薄，刃部较宽，柄部较窄。长边一侧微厚，短边一侧略薄。刃部呈斜内弧形，单面刃，一面磨成。长方形柄端略向外弧，柄部近主阑处有一双面钻成的圆孔。阑部上有平行弦纹，阑间两侧各有两组扉棱。整器制作较为精细，器表打磨得极为光滑，复杂的阑部装饰显示出很高的工艺水平。其造型具有典型的中原地区玉璋风格。

## 礼仪用玉·戈

玉戈是夏商周流行的一种礼仪仪仗用器。夏代玉戈是龙山文化玉戈的延续，多直内，窄长援。刃部规矩，器面平整，无使用痕迹。内中部均有穿孔或饰有简单的线纹。周缘开刃处，有明显而挺拔的凸棱。有的器体硕大，琢磨光洁细腻。商代玉戈均直内并有穿孔，援长短宽窄无定制，大多有边刃和中脊，器面光洁，边角棱线规整，一般无使用痕迹。有的在内、阑及援的后端饰有兽面或几何纹，个别的在戈面刻划或书写文字。西周玉戈多数沿袭了商代戈的形制和特征，并出现了一些形体很小、制作精巧的佩饰类小玉戈。此外，还出现了以凤鸟、神兽（人）纹装饰玉戈的作品，可谓西周玉作的创举。这类玉戈不但构思巧妙，造型别致，而且大大增加了玉戈神圣而高贵的气韵。

**玉戈** 商代中期礼仪用玉，湖北省黄陂县盘龙城李家嘴3号墓出土，现藏湖北省博物馆。

通长94、最宽13.5厘米。玉质灰白略呈黄褐色。体扁，援作宽长条形，有中脊，两边有刃，一边平直，一边略呈弧形，前锋薄而利，呈三角尖刀形。内略呈长方形，阑两侧有凸脊，内的近阑处居中有一圆穿。通体磨琢光润，为商代玉戈中最大者，对了解商代中期玉器的开料技术具有一定意义。

**兽面铭文玉戈** 商代晚期礼仪用玉，甘肃省庆阳县野林乡出土，现藏庆阳市博物馆。

通长38.6、最厚0.6厘米。玉质白色，局部有褐斑，半透明。器扁薄，援前锋呈三角形，锐利，有中脊和上下刃，内呈长方形，后缘琢出扉棱五组，正反两面分别以双勾法饰"臣"字形眼的兽面纹一个，内的上下缘各刻斜行双短直线和圆圈纹四组。近阑处中央有一单面钻的圆穿。阑前一面中部竖行阴刻三字："乍册吾"。此戈玉质较纯，纹饰精美，又有少见的铭刻，是商代玉戈中的珍品。

**玉戈** 西周早期礼仪用玉,陕西省岐山县贺家村102号墓出土,现藏周原文物管理所。通长11.6、宽2.2、厚0.15厘米。玉质青白色,上有淡黄色沁蚀,半透明,玉质细腻。器呈长条形,直援直内,三角形锋,援、内中部起一条脊线,两边低凹,两侧开刃,锋尖部微翘,内部钻一圆孔。通体磨制光洁,形制规矩,是西周小型玉戈中的精品。

**人首神兽纹玉戈** 西周礼仪用玉,山西省曲沃县晋侯墓地63号墓出土,现藏山西省考古研究所。

长36.2厘米。玉质黄褐色。器为长条形,长援起脊,内有一穿孔,两边有棱脊,通体抛光。内部两面纹饰相同,为一侧面人首神兽图案。神兽以尾支地作蹲踞状。"臣"字形眼,大耳,圆鼻下有一向内弯曲的大獠牙,下颌有一缕直垂至足的长髯。一臂曲屈,以手摸髯。手除拇指为人手指形外,其余手指和足趾均为猛兽利爪形。纹饰以双阴线大斜刀技法为主,并辅以极细的阴线。神兽头发细密,每毫米并列5~6条阴线。此戈制作精良,神兽题材诡异,纹饰深镂细刻,雕琢技艺高超,是一件罕见的玉器精品。

**鸟首纹玉戈** 西周礼仪用玉,陕西省扶风县强家1号墓出土,现藏周原博物馆。

通长7.5、厚0.35厘米。玉质白色,半透明。短直内,呈榫头状,直援,三角形锋刃,两侧边有斜刃,上下阑均呈凤鸟首状。两凤鸟均为圆眼,尖勾喙,且振翼高于其首,上阑鸟首及鸟翼小于下阑,两面造型与纹饰完全相同。纹饰多为双阴线大斜刀技法雕成,通体磨光。此玉戈构思之奇,造型之美,制作之精,是西周罕见的玉器艺术品。

## 礼仪用玉·刀

　　玉刀是由石刀发展而来，早在新石器时代已有发现，夏商西周仍有生产，是古代代表权威和地位的玉仪仗器。夏代玉刀呈扁平长条梯形，无柄，平背，双面刃，两侧多饰对称的扉棱，近背部有平行、等距的多个圆孔，器面或光素，或琢饰阴纹、斜格纹等。这种玉刀，形体宽大，有的长达60多厘米，似非实用，当为礼仪用器。商代玉刀的种类很多，包括小型刀、刮刀、梯形刀和小刻刀。小刻刀一般是玉制小动物（如鹦鹉、鱼、壁虎等）的尾部制成，刃部较锋利，或许是用作雕刻器。商代还出现一种带有短柄的长条形玉刀，刀身窄长多凹背弧刃，刀尖上翘，柄短且薄。有的刀背饰齿状扉棱或在刀面近背处雕琢出龙纹或几何形图纹。西周流行一种饰鸟纹或龙凤纹玉刀，不仅大小适中，雕琢精美，而且有的柄端穿孔，既可系挂，又便于手握。

**龙纹玉刀** 商代晚期礼仪用玉，河南省安阳市妇好墓出土，现藏中国社会科学院考古研究所。通长33.5，柄长3.2，刀

身厚0.5厘米。玉质绿色，有褐斑，并有受沁痕迹。刀体狭长呈窄弧形，凹背凸刃，刀尖上翘，双面刃，稍残。短柄较薄。刀背上雕锯齿状扉棱，表示龙的脊骨，两面均雕精细的张口龙纹，龙头朝向柄端，上唇略翘，"臣"字形眼，长眉，平卧式蘑菇形角向后，长身尖尾，直通刀尖。身、尾饰菱形纹兼小三角形纹。刀身后端靠近柄处有一圆穿，造型与纹样均极典雅。

**玉刀** 西周早期礼仪用玉，陕西省岐山县凤雏村甲组宫室（宗庙）基址T37出土，现藏周原文物管理所。

通长10.8、宽1.8、厚0.4厘米。玉质青色，夹有墨色，半透明。器呈长条形，隆背凹刃，刃部首端呈弧形，尖部上翘。柄部呈长方形，背部与刃部均呈弧形。其形制与殷墟妇好墓出土的玉刀相似，刃部至今仍很锋利。通体磨光，是西周古玉中之精品。

## 礼仪用玉·戚、钺、铲、锛、斧、凿

　　玉戚、钺、铲、锛、斧、凿均源于石斧，原为兵器，夏商周时期精工制作的这些玉器，已失去了原有的实用功能，成为礼仪用玉器。

　　夏代玉戚形制似钺，长方或近似圆形，器面有一大小不等的圆孔，两侧各琢出扉棱装饰。商代玉戚沿袭了夏代的形制，或长方或弧圆，但器体两侧均饰有齿状扉棱，似乎是继承了夏代玉戚的手法，有的器面还出现了兽面纹装饰。西周玉戚形制与商代后期的同类器物几无二致，一类基本呈长方形，刃部微弧，两侧中部起锯齿状扉棱，另一类是宽弧刃，两侧起扉棱，戚身中部有一大穿孔。

　　商周时期，玉钺仍然沿用，此时玉钺形制较之新石器时代有了较大变化。钺形式仍呈"风"字形，但中央孔洞加大，使整个器物看起来如环状，刃部亦由弧形变成折刃、宽刃。玉钺的用途也是仪仗用器。

　　玉铲、锛、斧、凿在商周也较为常见，均为斧状器物的变体，造型稍有不同，形体多呈长方形、梯形，平刃或斜刃，多双面磨成。制品大多光素无纹，通体磨光。

**玉戚** 夏代礼仪用玉，河南省偃师县二里头遗址5号坑出土，现藏中国社会科学院考古研究所。

长10.8、刃宽10、厚0.6厘米。玉质青色。器略呈圆形，背部较圆，两侧近直，各有扉棱六个。刃分四段，为双面直刃，由两面斜磨而成，段间过渡处较厚，中部透穿大圆孔，孔上有管钻留下的螺旋纹。此器开商代同类器形之先河。

**玉钺** 商代晚期礼仪用玉，河南省安阳市妇好墓出土，现藏中国社会科学院考古研究所。

通长17.6、刃宽10.5、内厚0.3厘米。玉质棕褐色，上有黑色沁斑。器作扁平长方形，弧形双面刃，上有剥落痕迹。有上下阑，内呈长方形，中部有一穿。两面抛光。

**玉铲** 西周早期礼仪用玉，陕西省凤翔县崔木镇出土，现藏陕西历史博物馆。

长18.8、宽7.2厘米。玉质黄色泛灰。器作扁平长方形，顶端平直，刃由两面斜磨而成，刃中凸起，近顶端居中有一圆孔。

**玉锛** 商代晚期礼仪用玉，四川省成都市金沙遗址出土，现藏成都文物考古研究所。

长25.7、宽4.81～6.43、厚1.53～1.67厘米。玉质牙黄色，平面有大块黄色、褐色沁斑。弧面基本呈灰褐色，有少量小

块黄色沁斑夹杂其间。器呈长条梯形，扁长而体重。平顶，上有浅短凹形磨痕，刃沿外弧。横断面为扇面形。此类器物在金沙遗址发现较多，大多选料精美，制作规范，加工细致，说明该器类在当时的礼仪活动中占有重要的地位。类似器物在四川广汉三星堆遗址中也有出土。

**兽面纹玉斧** 商代晚期礼仪用玉，河南省安阳市妇好墓出土，现藏中国社会科学院考古研究所。

通长10、体厚2.6厘米。玉质深绿色，顶端呈黄绿色。器作长方扁圆体，剖面作椭圆形，上厚下薄。下段两侧磨出边棱，刃部外凸呈弧形，双面刃。内呈长方形，较薄，中部有一圆穿，可安柄。斧身两面均雕口向刃部的兽面纹，以单线和双勾饰粗大的绳索纹眉、"臣"字形眼，巨角内卷，纹样精细，无使用痕迹。

**玉凿** 商代晚期礼仪用玉，河南省安阳市妇好墓出土，现藏中国社会科学院考古研究所。

长15.3、厚1.3厘米。一面深绿色，另一面黄褐色。器作扁平长条形，顶端略呈弧形，上部有一圆穿。平刃，系两面磨成，体两侧有边棱。研磨、抛光都较精细，无使用痕迹。

## 装饰用玉·璜

《说文》曰："璜，半璧也。从玉黄声。"但目前发现之璜，除半璧者外，大多为弧形璜。商、西周时期，玉璜仍普遍使用。从现今考古发掘的实际情况看，此时绝大多数玉璜，已失去了礼器的用途，而是作为典型的装饰品使用。商代玉璜多呈扇面形或半环形，光素，两端有孔，边角不甚规整。精致者，璜面琢有几何形纹。此外，还出现了龙形璜、鱼形璜和兽形璜等。龙形璜，体弯曲呈弧形，背部雕出脊棱，身上饰变形云纹。还有的以两端为龙首，躯体刻重环纹、双连弧纹、菱格纹等。纹饰线条刚劲有力，有刀刀见锋之感。西周玉璜以半璧形或扇面形为多。两端有孔。除光素者外，一般均以浅阴线刻划出龙纹和凤鸟纹等。线条舒展流畅，较多地使用长弧线，装饰趣味较为浓厚。还有的玉璜直接以动物为形，显得更加生动别致。

**龙凤纹玉璜**　商代晚期装饰用玉，河南省鹿邑县太清宫长子口墓出土，现藏河南省文物考古研究所。

长13.9、宽4.2、厚0.6厘米。玉质深绿色，微沁，上有青铜锈斑，半透明。扁平体，两端略窄呈榫状，璜体的龙凤造型系透雕和阴刻并举，龙在上，凤在下。凤勾喙，"臣"字形眼，方圆睛，昂首收足，垂尾分叉。龙为长嘴厚唇，"臣"

字形眼，圆睛，矮粗角，长尾下伸，尾尖上卷。两端及嘴和龙尾处各有一对钻圆孔，两面纹饰相同，用双勾阴线、双连弧纹和单阴刻线表现龙凤之细部。纹饰华丽，自然流畅。其纹饰和造型具有商代玉雕特征。

**人龙纹玉璜**　西周晚期装饰用玉，河南省三门峡市虢国墓地2001号墓出土，现藏河南博物院。

长9.5、宽2.9、厚0.3厘米。玉质青白色，有数处红褐色斑点。质地细腻，温润光洁，半透明。正面饰二组相对称的人龙纹，背面为素面。人形无四肢，身体卷曲，鼻、眼、耳、

发纹样俱全。龙身盘曲，头上有角，鼻上卷，椭圆形眼，口露獠牙，器身周边有扉棱形饰，两端各有一个穿孔。纹饰采用双阴线外侧大斜刀的技法，线条流畅，在人龙纹间有透雕孔。造型、纹饰均为西周玉璜典型特征。

### 装饰用玉·环

　　商代玉环与璧的特点近似，唯孔较大，其中有一种环，孔两面各有一周环形凸起。西周时期的玉环直径较小，有些光素无纹，有些则饰有变形的龙凤纹、鸟纹、云纹，线条流畅自然。

**高领玉环**　商代晚期装饰用玉，河南省安阳市妇好墓出土，现藏中国社会科学院考古研究所。

直径10、孔径5.5、厚0.3厘米。玉质黄绿色，微有褐色沁。器作圆形，周缘与孔均较圆。孔周一面略凸起，一面平。两面刻有纤细的同心圆阴线。色泽光润，制作颇精。

**玉环**　西周装饰用玉，陕西省长武县出土，现藏陕西历史博物馆。

直径13.8、孔径7.4厘米。玉质青色，有白、褐色沁斑。椭圆形，中央有一圆孔，形似变形的环。外缘有三组形状相同的扉棱。两组均有大小扉棱八个，另一组现存大小扉棱七个，疑一扉棱残缺，大小相同，等距分布。此椭圆形带有扉棱的玉器实属少见。

### 装饰用玉·玦

　　玉玦作扁圆体，造型如环、璧，但有一缺口，是商、西周时较为流行的装饰用玉。商代玉玦呈片状，有素面玦，亦有龙形玦。龙形玦作卷曲龙形，龙张口露齿，背饰扉棱，头上有短而粗的蘑菇角，身饰重环纹或方格纹，线条转角方硬，图案化风格强烈。西周玉玦仍作片状，玦体明显宽于商代，玦身多光素无纹，少数作品出现了以弧形粗细阴线琢饰的凤鸟纹、龙纹等，线条流畅，工艺精细。

**龙形玉玦**　商代晚期装饰用玉，河南省安阳市妇好墓出土，现藏中国社会科学院考古研究所。

直径5.5、孔径1.2、厚0.5厘米。玉质淡绿色，微沁。龙作"C"字形，首尾相对。蘑菇形角，张口露齿，方形目，脊背雕成扉棱形，尖尾外卷，颈部穿一孔，身、尾饰卷云纹。此类龙形玦所见甚多，是商代晚期的典型作品。

**鱼尾龙纹玉玦**　西周晚期装饰用玉，河南省三门峡市虢国墓地2012号墓出土，现藏河南省文物考古研究所。

2件，均直径4.15、孔径1.5、厚0.3厘米。玉质青色，有少许黄色斑点。润而微透，体表单面饰鱼尾龙纹。龙作方口，宝瓶形角，"臣"字形眼，单爪，鱼形尾，龙身满饰双排鳞纹。两件玉质、玉色、大小及制作工艺均同，唯器表所饰鱼尾龙纹相背。

## 装饰用玉·觿

《说文》曰："觿，佩角，锐端可以解结。"说明觿的功能是用来解绳的，其主要特征就是一端呈尖角状。最早古人以兽骨或兽牙制作，带在身上，用于解结。以玉制觿，使之逐渐丧失了其原始功能，成为佩饰件之一。玉觿于商代流行。商代玉觿整体近似柱形，上端略粗，下端略尖细，上面饰有兽面纹或几何纹，线条刚劲有力，作品显得粗重，有气势。西周玉觿造型简洁洗练，形似牙角状，有的弯曲成简单的圆锥形，有的则将顶端雕刻成兽、龙或人面，还有的直接以玉蚕或玉蝗为形。龙纹觿柄部为龙首，龙身弯曲，上饰卷云纹，尾部饰三角纹，颔下、尾端各钻一小孔。玉觿多用于串饰和组佩之中。

**牛首纹玉觿**　商代晚期装饰用玉，河南省安阳市大司空村14号墓出土，现藏中国国家博物馆。

通长6.1、柄长2.9厘米。玉质碧绿色，半透明。器作长条形，横截面呈三角形。下端如角锥，上端为柄。柄部琢一牛首，耳、鼻、眼雕琢极精，作衔锥状。柄端一侧有一圆孔。商代玉觿出土物甚少，此为玉质极精的一件。

**牛角形玉觿**　西周早期装饰用玉，河南省鹿邑县太清宫长子口墓出土，现藏河南省文物考古研究所。

长4、宽1.5、厚0.15厘米，玉质灰褐色，微透明，上稍有朱红斑点沁。器呈牛角形，素面，两面打磨光亮，角根部单面钻一孔，孔内有朱砂痕，造型简洁洗练。

## 装饰用玉·柄形饰

柄形玉饰，是夏代新创玉种，开商周同类器之先河。夏代玉柄形器多出土于河南二里头文化中，有的呈扁平长条形，有的呈方柱形。器面或光素，或饰有简单的弦纹和较抽象的兽面纹。

商代玉柄形器扁体长方形或方柱形，有的两端平齐，有的下端琢一较小的榫头。器件光素或饰有兽面纹、蝉纹、弦纹等，穿孔部位不尽相同，有的甚至无孔。西周玉柄形器发现较多，形制差别较大，长短、粗细各不相同，多数在柄上饰有平行的凸棱和阴线刻纹，少数器面出现了优美的鸟纹及云纹等图案，并在末端镶嵌有绿松石、玉石条片组成的装饰物。

**卷云纹柄形玉饰** 西周早期装饰用玉，河南省鹿邑县太清宫长子口墓出土，现藏河南省文物考古研究所。
长13.5、宽1.6、厚0.9厘米。玉质白色，微泛绿，半透明，温润细腻。器体较厚，面微鼓，下端内收，平齐。体两面各饰三组优美的卷云纹，用两道凸弦纹隔开，纹饰纤细，线条流畅，具有西周柄形玉器特征。

**凤纹柄形玉饰** 西周晚期装饰用玉，河南省三门峡市虢国墓地2012号墓出土，现藏河南省文物考古研究所。
长9.1、宽2.3、厚1厘米。玉质青白色，润而微透，为上好和田玉。器呈长条形，平顶，柄部弧形内收，末端有榫。四面饰纹，正背两面饰凤鸟纹。凤鸟曲冠，勾嘴，圆目，高足，利爪。两侧面饰变形蝉纹，有对钻贯穿圆孔。纹饰采用粗细阴线外侧大斜刀技法琢成，繁缛精美，造型与纹样均具有西周玉器典型特征。

# 装饰用玉·人形佩

　　夏代未见有玉雕人像。商代玉片雕人像有侧身人像和神人头像两种。商代侧身人像均为片状浮雕，多作侧身蹲踞状。头微昂，高鼻凸嘴，"臣"字形眼，云纹耳。头戴琢有扉棱的高冠，双臂上举，手握抱于胸前，腿部弯曲，两面皆用双勾线刻出相同的纹饰。其下端有扁薄的短榫和穿孔，似作插嵌之用。商代神人头像扁平长方形，正面中段琢出浅浮雕的神人兽面像，"臣"字形眼，云头鼻，阔嘴微张，嘴角各有一对钩状獠牙，耳下饰环，头戴高筒状羽冠，可能是古人崇拜的一种神祖像。

西周片雕玉人多呈扁平不规则的长条形，两面纹饰相同，一般作侧身蹲锯状。头部刻画具体，其脸部不像商代那样面部下凹，到了西周晚期更近乎于平，脸部较长，云纹作耳，额头隆起，鼻头与下颌略凸，其身躯描绘则较为抽象。尤其是眼睛，它是在商代"臣"字形眼的基础上变化为眼梢长出眼眶并勾卷的形式，有的是两边眼梢都长出眼眶，并在眉毛中刻短小阴线纹。身上纹饰不像商代的线条那样硬，而是弧线多于直线，雕刻做工也不如商代精细。

**高冠人形玉佩**　商代晚期装饰用玉，1953年国家文物局调拨，现藏中国国家博物馆。

长10.2、宽3.5、厚0.5厘米。玉质鸡骨白色，局部有褐色沁，不透明。玉人作侧身蹲踞状，两面纹饰相同，头微扬，长鼻，云形耳，"臣"字形眼，张口，头戴高冠，冠缘有对称性扉棱，臂上弯，置于胸前，握拳，足蹲踞。股上有一圆孔，脚下琢榫，似镶嵌用。全器以商代典型的阴勾双线刀法琢刻，刀法粗放有力。这种侧身人像在商代较为多见。

**龙纹发式人形玉佩**　西周装饰用玉，山西省曲沃县晋侯墓地8号墓出土，现藏山西省考古研究所。

长9.1、宽3.3厘米。玉质暗绿色。玉人作扁体站立状，发饰为双龙纹组成，呈倒"U"字形，中间镂空，上端卷起形成一穿孔，下端二龙头与肩部相接。玉人后脑可见直发。玉人圆脸，浓眉，大眼，宽鼻，扁嘴，身着高领衣，领下右侧开短衽，均刻交叉斜格纹，束腰，下呈梯形，中有箭镞形蔽膝，斜格纹为边，两脚跟相连，脚尖上翘。整体皆以斜切刀法刻成阴线勾勒轮廓。此种发式造型的玉人，颇为少见。

## 装饰用玉·鸟形佩

商代鸟形佩有怪鸟、鹦鹉、长尾鸟、鸮、鹤、鹰、鸬鹚、鸽、燕等，从超现实的凤到自然界普遍存在的鸟应有尽有，造型生动，别具特色。可分两种：一种为写实型，其造型与真实鸟类区别不太大，另一种为夸张型，鸟身装饰凸齿及复杂纹样，鸟头部有高冠。怪鸟有兽身鸟首的，也有鸟身兽首的，虽形态各异，但结合巧妙，浑然一体，器身满饰商代流行的双勾线几何形图案，可能是一种想像中的神化动物。鹦鹉勾喙，短尾，双翅较宽大，并以勾连的几何纹饰翎羽，足爪粗壮，坚实有力，头顶上耸立着饰有齿状边棱的高冠，冠末端下垂卷曲，个别的颈部琢有重环纹，整体装饰极为华丽，似有一种神圣庄严的感觉，可能是商代人崇尚的神鸟。长尾鸟身体舒展修长，尖嘴圆眼，没有华美的几何纹装饰，仅用阴线刻划出眼与鸟翅和略有弯曲的长尾，线条十分流畅，具有一种自然写实的气息。鸮勾喙，圆眼或"臣"字形眼，多作圆雕站立状，双耳弧圆竖起，颈部仅用一道凹槽区分出头与身躯，双翼合拢，胸部鼓凸，腿粗短并与下垂的宽尾共同作为支撑点，造型古朴浑厚，充满威严的神秘感。

西周玉鸟扁平长方体，多以圆圈为眼，头顶有短角，嘴较宽，并在上下端琢出凸尖，尾部宽大下垂，拖至于地。身上不见了商代那种复杂的几何形图案，仅用简单而少量的阴线表示羽翅与长尾，双爪匍伏，胸前多有一圆穿。

**神鸟负龙形玉佩** 商代晚期装饰用玉，河南省安阳市妇好墓出土，现藏中国社会科学院考古研究所。

长11.3、厚0.3～0.5厘米。玉质黄褐色，龙尾呈淡绿色。浮雕怪（神）鸟负龙踏云升天的画面。怪鸟作站立状，圆眼尖喙，头长两蘑菇角，短尾一足，足有四爪，爪下有座，上刻云纹，以象征云彩。鸟背上驮一龙，龙身上竖，张口，"臣"字形大眼，尾尖内卷，蘑菇角上竖，身下一足，足有两爪。全器纹饰均采用商代典型的双勾阴线装饰。鸟翅雕翎纹，龙的身、尾饰菱形纹和重环纹，胸部雕目纹和细弯的眉，两面纹样相同。此器构思新颖，可能是据当时的神话设计而成，在商代玉器中目前仅见此一例。

**鸮形玉佩** 商代晚期装饰用玉，陕西省西安市毛西乡毛西村出土，现藏西安市文物保护考古所。

长5.3、宽2.5厘米。玉质青色，淡黄泛褐。鸮作站立状，圆目长喙，高卷冠，双翅用双勾阴线云纹勾勒。翅与足以夸张手法雕刻以显示出其凶猛有力，技艺精湛。

**鸬鹚形玉佩** 西周早期装饰用玉，山东省济阳县姜集乡刘台子出土，现藏济阳县博物馆。

高3.6、长5.1、厚0.6厘米。玉质青色泛黄。鸬鹚作站立回首状，嘴衔一小鱼，屈足，垂尾，头部有一孔，腹饰羽纹，鱼尾上翘，挣扎欲脱，造型生动。鸬鹚青黄色，光洁细腻。小鱼呈赭色，两者色泽分明，匠师们利用一块玉的自然色泽，运用粗、细阴线相结合雕琢技法，雕琢出两个不同颜色的传神作品，是少见的西周俏色艺术珍品。

**凤形玉佩** 西周中期装饰用玉，陕西省扶风县云塘村出土，现藏周原博物馆。

通高3.5、厚0.25厘米。玉质洁白，细腻温润。凤鸟作蹲状，圆眼，尖勾喙，头上冠残失，凸胸，勾爪，翅尖上翘，大尾垂地且分叉，在尾部的一面钻有一个未透的小孔。通体抛磨光洁，两面纹饰相同，均用大斜刀阴线雕琢身体轮廓，是一件艺术价值很高的精品。

## 装饰用玉·蝉形佩

商、西周玉蝉用于日常佩戴，形制古朴，雕刻粗放。商代玉蝉造型呈扁圆体，中心稍厚，头部平齐，有的嘴尖而凸出。两只微鼓的大圆眼，位于头部两侧，还有的刻在头部轮廓线内。羽翅简单，仅用阴线稍作表现。腹部一般光素，少数刻有弧线形腹纹。穿孔多为首尾贯通，或在口部对穿。商晚期有些蝉的身上加饰了一些雷纹和阴线装饰。西周玉蝉头部较宽，尾端略尖，整体近似三角形。眼睛微微鼓凸，双翅合拢略呈弧圆，或光素，或用阴线作简单的装饰，一般均有穿孔。

**蝉形玉佩** 商代晚期装饰用玉，山东省滕州市前掌大遗址4号墓出土，现藏中国社会科学院考古研究所。
长3.1、宽1～1.4、厚0.65厘米。玉质青灰色。蝉作伏卧形，嘴尖凸出，两侧圆眼微鼓，颈部刻两条平行线，居中刻三角纹并以直线延伸分出双翼，两翼并拢。以直线分出腹背两面。腹部前端两侧刻圆角三角纹，之间以"V"形纹相连，腹间至尾有五道弧形纹。刻纹间涂有朱彩，形象较逼真。

**蚕形玉佩** 西周装饰用玉，陕西省扶风县齐家出土，现藏周原博物馆。
通长1.9厘米。玉质白色，微泛黄，晶莹温润，透明感强。蚕体曲身，圆眼，张口，下唇上钻一圆孔。蚕身短粗肥胖，用阴线琢出体节，通体磨光，造型生动，是难得的西周玉雕精品。

## 装饰用玉·鹅形佩、鸭形佩

　　商代鹅形佩、鸭形佩作片雕，多是侧面形象，用阴线雕出示意性的装饰纹样表示身体的轮廓和羽毛。玉鹅琢成挺身站立、曲颈养神状，展示羽翎之美，一副悠闲神态。

**鹅形玉佩** 商代晚期装饰用玉，河南省安阳市妇好墓出土，现藏中国社会科学院考古研究所。

长7.2、厚0.6厘米。一面灰色，另一面呈灰褐色，有细小斑点。鹅作站立状，凸顶，圆眼，长扁嘴紧闭，颈向后缩，头弯于胸前，短翅并拢，腿粗短，下有趾。趾下有榫。通体纹饰用双勾线雕琢，颈饰鳞纹以示羽毛，翅饰翎纹，两面纹样基本相同。

**鸭形玉佩** 商代晚期装饰用玉，河南省安阳市郭家庄东南1号墓出土，现藏中国社会科学院考古研究所。

高4、长4.4、厚0.4厘米。玉质乳白色。鸭作蹲坐形，长颈，长尾，背部凸起。鸭形两面用阴线纹刻出眼、翅及足形轮廓。胸前有一小圆孔。

## 装饰用玉·鱼形佩

　　商代玉鱼大多为扁圆长条和体态弯曲的弧形、半环形等。小型的较为简单仅具轮廓而已，较大的工艺精细。鱼形头部较宽大并琢有圆眼，背部和腹部用短阴线刻划出鱼鳍，有的在背脊还饰有齿状扉棱。鱼身光素，或饰简单的鳞纹。头部皆有穿，也有的用穿孔代替眼睛。西周玉鱼继承了商代晚期玉鱼造型，鱼身扁平，或直或略弧，圆目张口，嘴较宽而且两端出尖，同时还以短阴线分别琢饰出背鳍和腹下两组分水鳍，尾分一叉，鱼身光素或饰弧形鳞纹，阴线刻划较浅细，口部多有穿孔。西周墓葬中出土玉鱼数量较多，形态各异，除作为佩饰外，也作葬具之饰，所谓"鱼跃拂池"，即缀于棺罩四角。

**鱼形玉佩**　商代晚期装饰用玉，河南省辉县琉璃阁150号墓出土，现藏中国国家博物馆。

长4.7、厚0.3厘米。玉质淡绿色，半透明。鱼作扁平弧形，圆目张口，背、腹部用细斜线刻出鳍，尾分两叉。身略弯作游水状。头、尾处共有小孔三个。两面纹饰相同，制作简单古朴。

## 装饰用玉·贝形佩

　　商代贝形佩写实性强，形象优美，富有生活气息。西周贝形佩器扁平呈菱形，中间有的开有凹槽，但两侧已无齿饰，两面均光素无纹；有的则仅具轮廓，形制过于简陋。

**贝形玉佩**　商代晚期装饰用玉，四川省成都市金沙遗址出土，现藏成都文物考古研究所。

长3.24、宽2.7、厚0.2～0.63厘米。玉质青白色，温润细腻。器呈海贝形状，身正面弧背，背面平直。两侧边圆滑，并各在中段饰四个较浅的齿状凸起。中部有一纵向沟槽。槽两侧琢出十四排对称浅凹槽，以示海贝齿纹。沟槽顶端有一穿系用的小孔，背面光素无纹。

## 装饰用玉·龙形佩

　　商代玉龙以单体龙形为主，身体多呈卷曲状，首尾相接，有的背脊出现扉棱。头部较大，张口露齿，并在头顶处琢饰有粗短的蘑菇形双角。"臣"字形眼，云纹鼻，躯体分别饰菱格、三角或变形云纹。有的在腮部还刻有重环纹、双连弧纹。西周玉龙片状器较多，纹饰线条也由商代的方折挺拔而且规矩变得舒展流畅，显得更加自然活泼。西周晚期有的龙体较前瘦长，角的雕琢亦不太明显，有的甚至变成了云纹状耳，同时"臣"字形眼也逐渐被圆形眼所替代。

**龙形玉佩** 西周早期装饰用玉，山东省滕州市庄里西村出土，现藏滕州市博物馆。

长8.9、厚0.2厘米。玉质青白色。龙作扁体状，身体弯曲，两边有齿状扉棱，作游动状。两面以弧形双阴线饰两尾相交的夔龙纹，两端凸脊处各有一小孔，通体线条流畅，做工精细。此器在西周出土物中，尚属初见。

**龙形玉佩** 西周中期装饰用玉，陕西省扶风县齐家41号墓出土，现藏周原博物馆。

通长3.6厘米。玉质乳白色，半透明，晶莹温润，上有瑕疵，通体光滑。龙呈卷体翘尾腾跃状，圆眼，上唇卷，翘鼻，下唇回卷，口中两面对钻一圆孔，头上有钝角。全身饰云纹，采用双阴线外侧大斜刀技法，线条流畅，刀法娴熟，造型生动，是西周玉龙中较为少见的精品。

## 装饰用玉·虎形佩

商代玉虎或作圆雕，或作薄片状。多作伺机而起的伏卧状，昂首，张口露齿，屈足，"臣"字形眼或方框眼，尾端多向上卷曲，身上饰云纹及变形几何斑纹，腮、背部常见重环纹，尾部则多饰简化重环纹、双连弧纹。一般圆雕虎身体呈柱状，扁平片体之虎，两面纹饰相同。西周玉虎扁平片状体较多，造型同商，仍为卧伏状，虎头平视或下垂，云形耳向上凸起，张口露齿，尾巴上翘或卷

曲，身细长，身上的装饰，早期与商相似，晚期
十分简朴，仅用单阴线表示一下肢体轮廓而已。

**虎形玉佩** 商代晚期装饰用
玉，河南省安阳市妇好墓出
土，现藏中国社会科学院考古
研究所。

长13.3、厚0.5厘米。玉质
绿色，有灰黄沁。扁平体，
虎作行走状，昂首，张口露
齿，"臣"字形眼，云形大

耳，鼓腹凸臀，尾略上卷，肢前屈，足雕四爪。颈饰重环
纹，身饰变形卷云纹，尾饰双连弧纹。此虎具商代晚期玉器
的典型特征。

# 装饰用玉·鹿形佩

　　商代玉鹿片状体居多，造型简单，常呈短腿
直立状，少有纹饰，亦有饰双勾云纹的，特别突
出鹿角和"臣"字形大眼，也有圆圈眼等。臀部
琢一凸尖，表示鹿尾。一般均有穿孔。

　　西周玉鹿是动物形玉雕中最具特色的器物，
有回首、前视、伏卧、站立等各种造型。一般为片
状，光素无纹，仅有几条简洁轮廓线，然而鹿角却
琢制得十分俊美，像多杈小树一样耸立在鹿之头
上，生动逼真，透露出一种矫健的神采。

**鹿形玉佩** 西周装饰用玉，山西省曲沃县晋侯墓地63
号墓出土，现藏山西省考古研究所。

长8.3、宽5.9厘米。玉质黄褐色。扁体片状，鹿呈站
立状，昂首观望，"臣"字形目，大耳，吻部前凸，
前胸挺出，后背拱起，短尾，体态丰润，蹄趾明显。
长角粗壮，分两杈向左右平展，前杈上扬，卷成两个
大圆孔，后杈向后勾曲。体肌以两道圆弧线表现，简
练明快。后肢前屈，表现了鹿在起跑瞬间时的神态。
造型富有活力，纹饰简洁，为西周玉鹿之精品。

## 装饰用玉·马形佩

商代片雕玉马短腿直立，没有明显的蹄足，头部较大，双耳竖立，耳后有一圆穿孔，"臣"字形眼，嘴微张，颈脊处琢有齿状扉棱，似表示鬃毛。通体光素，尾斜直垂下，工艺较简单。

**马形玉佩** 商代晚期装饰用玉，河南省安阳市妇好墓出土，现藏中国社会科学院考古研究所。

长6.3、宽2.9、厚0.2厘米。玉质青白色，有褐斑。马作行走状，俯首，张口竖耳，"臣"字形眼，颈有细密鬃毛，足肢粗短，长尾下垂，尾中部有一小节突，尾末磨成斜刃，马耳后穿一孔。这种玉马在商代十分少见，也是玉器中最早的马的形象。

## 装饰用玉·狗形佩、猪形佩

商、西周狗形佩、猪形佩多为片状，用简单的阴刻线勾画出身体轮廓，时代特征明显，其上均有穿孔。

**狗形玉佩** 商代晚期装饰用玉，河南省安阳市妇好墓出土，现藏中国社会科学院考古研究所。

长5.7、宽3.5、厚0.5厘米。玉质墨绿色。形似狗或狼，作伏卧回首状。圆眼，耳后伏，臀部隆起，前后肢较短，前肢屈于颈下，后肢前屈，长尾下垂。颈饰重环纹，身饰变形卷云纹，两面纹样相同。前后蹄磨光，尾端磨出斜刃。上唇与

前蹄上各有小孔。唇上的孔位于体中部，穿系时可使器保持
平衡。可佩戴，也可作刻刀用。

**猪形玉佩** 西周装饰用玉，陕西省
长安县张家坡村390号墓出土，现藏
中国社会科学院考古研究所。
长4、宽3.4、厚0.5厘米。玉质浅褐
色。猪阔嘴大耳，项有阴刻鬃毛，
四蹄短，尾细，形象逼真。整器用
阴线勾勒轮廓，背有一小穿孔，孔
由两面钻透。

## 装饰用玉·兔形佩

　　商、西周玉兔多以剪影手法勾画出兔的轮廓
形体。四肢蹲伏欲跃，抬头前视，长耳向后。通
体虽光素无纹，却较形象地刻画出了小兔静中寓
动之神态。较之商代玉兔，西周玉兔则显得更秀
巧敏捷。

**兔形玉佩** 商代晚期装饰用玉，
河南省安阳市妇好墓出土，现藏
中国社会科学院考古研究所。
长10、宽5.8、厚0.5厘米。
玉质黄褐色。扁平体，作奔兔
之形。首略昂，双圈大眼，张
口露舌，鼻翼系刻出，长耳后
竖，肥躯翘尾，足前屈，爪、
趾毕露。前足处钻一孔。玉兔
始见于殷商，商周时较为流行。

## 装饰用玉·人物龙凤形佩

　　人物龙凤佩是西周时期常见玉器佩饰，有龙
凤人物合体、人龙合体、龙凤合体多种形式，特
别是在人像的上下肢与头顶处饰有龙、凤等卷曲

的神灵动物，这种奇特的人与动物合雕在一起的佩饰，为西周玉器所特有。龙凤鸟造型多以一龙一凤为主体，姿态虽不尽相同，但一般多是龙位于凤鸟头部，其身上各饰有一定规律和定型化的几何纹，这是西周特有的龙凤组合形式。这些龙凤人物玉雕作品，集圆雕、透雕、浮雕、阴刻等多种技艺于一体，所饰花纹，精细流畅，所雕图像玲珑剔透，是西周玉雕技艺进步的重要标志。

**人龙形玉佩** 西周晚期装饰用玉，河南省三门峡市虢国墓地2011号墓出土，现藏河南省文物考古研究所。

长5.9、宽1.9、厚0.25厘米。玉质青色，局部受沁呈灰白色与黄白色，半透明。整体为一蹲踞状的侧身人形，人首似猴形，头部盘有一龙，龙尾屈于人头之上。颈下亦雕有龙，臀部饰一龙首，头部蟠龙的卷尾处有一圆穿。头部刻画具体，脸较长，云纹作耳，额头隆起，鼻梁下凹，鼻头与下颌略凸，其身躯用几何线条表示。人像的上下肢与头顶处饰有卷曲的龙、虎、马等神灵动物，为西周玉器所特有。

**龙凤人形玉佩** 西周装饰用玉，陕西省长安县张家坡村157号墓出土，现藏中国社会科学院考古研究所。

长6.8、宽2.4、厚0.5厘米。玉质青绿色。透雕人兽复合纹，共有三龙一凤和二人。一大人粗眉深目，云形耳，头梳螺形髻，长发后披，头后有一相背的小人，二人身躯中部均蟠曲一龙。大人腿前屈，足为凤鸟头形，臀后处蟠曲一卷尾龙。正背纹饰相同。大人发髻处有一穿孔。这种人兽复合玉佩在西周十分流行，为其特色之一。

## 装饰用玉·兽面形佩

商、西周玉兽面较为多见，多作扁平浮雕形。面部刻画具有商代玉器特点，"臣"字形眼，云头鼻，头戴扁平的冠帽，头两侧琢有卷曲的角状装饰，背平且光素，颈下设榫并有穿孔，可能是一种镶嵌饰件。

**兽面形玉佩**　商代晚期装饰用玉，河南省安阳市小屯11号房址出土，现藏中国社会科学院考古研究所。

长宽各3.1、厚0.4厘米。玉质绿色，间杂灰白沁。器作扁平体，面部下端椭圆，以阴勾双线刻"臣"字形眼，卷云形鼻，眉似云纹，头顶双角上竖，双角之间饰"人"字形纹。眉心处穿一孔，背面光素。这种玉兽面商代特色鲜明。

**牛面形玉佩**　商代晚期至西周初年装饰用玉，河南省鹿邑县太清宫长子口墓出土，现藏河南省文物考古研究所。

长4.4、宽3.1、厚1.2厘米。玉质黄褐色，一侧呈褐色。近圆雕，两面均作牛首形，双角中分呈弧状，小叶耳凸出，宽额，眼周边下凹，留出微凸的菱形目，唇上有一横穿孔，两面钻。背面牛首与正面基本相同，两侧从角至耳中部有刻槽，似乎原打算将器体一分为二而未成，造型具有商周玉兽面的特征。

## 装饰用玉·组佩

　　大型组玉佩为西周首创，是由多件玉器串连组成悬于身上的佩饰玉。其主体多以璜、牌形饰、管、珠等串连而成。有的一套佩饰多达数十件玉璜，有的则由几百件玉牌、玉珠组合连接。由此可见西周组玉佩在数量和长度上是相当可观的。据研究，大型组玉佩的使用，有严格的制度，使用范围有可能仅限于公、侯等诸侯国国君及其夫人或有相应封号的贵族。多璜组玉佩是国君与高级贵族区别贵贱、等级的标志之一。

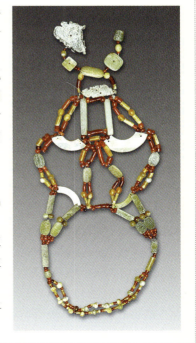

**组玉佩**　西周中期装饰用玉，陕西省扶风县强家1号墓出土，现藏周原博物馆。

长约50、宽约30厘米。组玉佩由淡黄、淡绿、白三色玉璜、玉管、玉兽面和红、黄玛瑙等396件组成。其中各种玉佩饰28件，玛瑙管珠328件，料珠管40件，它们巧妙结合，绚丽多彩，是十分华贵的装饰珍品。该佩饰保存完整，上系于人颈部，下可垂至胸腹。

## 丧葬用玉·覆面

　　玉覆面始于西周，是由较形象的人面五官，如眼、眉、鼻、口、耳及各种小饰片等组成。多数构件均有穿孔，在当时可能是缀饰于纺织品上或用线连接到一起，是一种殓葬时盖于死者头上的"幎目"。

**玉覆面**　西周丧葬用玉，山西省曲沃县晋侯墓地62号墓出土，现藏山西省考古研究所。

鼻长8.5、宽3.3厘米。出土时置于墓主的头部，由48件形制各异的玉片组成。周边围绕有带平齿的梯形缀片。面部自上而下为额、眉、目、鼻、耳、脸颊、嘴、腮，共有24件。除梯形缀片外，皆雕刻有纹饰。额角为虎形饰，屈腿蹲踞，回首观望。额为简略的人龙合体纹，眉为勾连纹，耳、脸颊、腮、嘴饰有式样不一的几何纹。纹饰多以双阴线琢刻，制作颇为精细。鼻的侧、背有小穿孔，其余玉件皆为正背穿孔。眉、眼以碧玉制作，玉质上乘。

## 丧葬用玉·握

　　玉握为死者手中握着的器物。商周时期，死者手中多握数枚贝币或玉管状器物，以示死者不空手而去。西周玉握多为管形，有方管、扁圆管和圆管多种。

**玉握**　西周晚期丧葬用玉，河南省三门峡市虢国墓地2012号墓出土，现藏河南省文物考古研究所。

2件，左长6.5、直径2.3～2.9、孔径0.25～1.3厘米；右长6.4、直径2.3～2.9、孔径0.25～1.3厘米。出土时分握于墓主人左右手中。玉质青白色，局部受沁有黄白斑。管状，两端粗细不同，中部束腰，单面钻透孔，光素无纹。

## 丧葬用玉·含

口含又称"饭含"，是放在死者口中的玉器。使用口含的目的，是古人相信人死后灵魂不灭，而口腔是五脏六腑与外界联系的主要途径，所以古人非常重视往死者口中填充物品，希望死者在阴间能像在人间一样饮食，也祈求以玉石质硬色美的特性来保护尸体不朽。西周玉含造型多为珠、管、片、贝等，玉片大多是有意将玉器折断而成，玉管最常见有圆形管、扁圆形管和扁方形管多种。

**管形玉含** 西周晚期丧葬用玉，河南省三门峡市虢国墓地2006号墓出土，现藏河南省文物考古研究所。
玉件长1～2厘米。一组10件，出土时位于墓主人口中。玉质青白色，润而微透，受沁者多呈灰白、灰黑、灰绿色。体作圆形、扁圆、扁方形不一。其中三件器表分饰云纹、弦纹及线纹。

## 丧葬用玉·踏

玉踏是专为死者制作的殓尸玉器。西周踏玉作扁薄长条形或作玉圭形，出土时位于墓主足下，均光素无纹。

**圭形玉踏** 西周晚期丧葬用玉，河南省三门峡市虢国墓地2012号墓出土，现藏河南省文物考古研究所。
2件，左长9、宽2.8、厚0.9厘米；右长8.7、宽2.7、厚0.9厘米。玉质均青色，局部受沁有黄白斑。器呈玉圭形，均通体光素，唯下端二角各有一孔。出土时分别位于墓主人左右足下。

## 陈设用玉·圆雕人物

　　圆雕人物形玉器始见于商代。殷墟妇好墓出土的商代晚期玉人可视为这一时期的典型。商代圆雕玉人一般为跪坐式，以手抚膝，头部较大，五官刻画细致，面部下凹，高颧骨，大眼，大鼻，鼻梁下塌，大嘴凸出，嘴唇很厚并上翻。眼睛多数为"臣"字形大眼睛，还有橄榄形眼、椭圆形眼。一个显著的特点是前额窄小凸出。发型以短发为主，即自头顶向四周下垂剪齐，这是商代流行的一种发式，还有的在头上戴圆箍形颉，颉前连着卷形冠。人物形象有的裸体，有的似有文身图案，有的则身着华丽的服饰，可能是一些身份地位不同的商代现实生活中的人物形象，对研究商代不同阶层人物的衣着、发式等，具有重要价值。西周圆雕玉人分着衣和裸体两种，着衣者，头部较大并戴有羽冠或高冠，面目深沉端庄，双手捧腹，上衣下裳，十分合体。有的衣裙光素无纹，有的则在裙摆、披肩处刻有斜格纹，同时还用阴线琢出衣纹。这种造型，或许正是西周时期贵族人物的形象。裸体者，亦为双手捧腹状，头上为螺旋状发髻或戴高冠，足下有榫，可供插嵌，可能具有某种特殊的宗教意义。

**虎首跪坐玉人**　商代晚期陈设用玉，河南省鹿邑县太清宫长子口墓出土，现藏河南省文物考古研究所。

高5、宽2.5、厚2.8厘米。玉质黄绿色，顶部有褐斑，顶端微沁，微透明。从正面看为一虎首跪坐人，从背面看似鸮。虎首高昂，大口暴张，上下各有七齿，上齿呈倒钩状，小鼻，长圆形双目，虎视眈眈，半圆形双耳，虎头以下为人身形状，体向前倾，跪坐，双手扶膝，五指向下，似着鞋，身着衣。鸮呈蹲状，虎之双耳为鸮耳，耳后倾，大勾鼻，圆目凸睛，鼻下一圆孔，人背作鸮身，人之胳膊作双翼，人之双足作鸮足，昂首挺胸，怒视前方。通体用双勾线和阴刻直线刻划出身体轮廓，生动传神。此器与殷墟妇好墓出土的圆雕玉人式样纹样基本相同，显示了共同的时代特征，而将人、虎和凶禽完美地集于一体的圆雕玉器甚为罕见。

**玉人** 西周早期陈设用玉，甘肃省灵台县白草坡1、2号墓出土，现藏甘肃省博物馆。

2件，右长17.6、宽2.3、厚1厘米；左长7.9、宽1.1、厚0.8厘米。玉质均浅黄色。大者盘发似蛇，发髻首部饰虎头，长脸宽颊尖颏，大鼻头，贴耳，眉凸起，大眼，裸体，瘦骨嶙峋，两手捧腹，双足下端为铲形，刃薄坚硬，双耳穿孔。小者头戴歧角高冠，长扁脸，宽额，橄榄形大眼，蒜头鼻，闭嘴，身似着袍服，上下有四条缠绕的刻纹，于背面中部交叉，似作被捆绑状。下部作尖锥形，不露足。胸部有一小穿孔。两件玉人神态各异，仅见于西周，是难得的玉雕珍品。

## 陈设用玉·圆雕动物

　　商周时期圆雕玉动物大量出现，品种丰富，有龙、虎、象、熊、马、羊、牛、鸟、螳螂、鳖等。多是用方柱形材料雕琢而成，棱角处磨圆，整体上保持着长方形体的圆形，注重写实，姿态各异，生动传神。在艺术表现上，主要强调各类动物的体态特征和生活习性，动物身上不雕皮毛，而用双阴线雕出示意性的装饰纹样。工艺与纹饰特征均与同类片雕器物相同。

　　商代圆雕玉牛多为跪卧或伏卧状，双目平视，神情庄重，身饰云纹和简化重环纹，额中常有一菱形装饰。西周圆雕玉牛多呈站立状，四肢较短，并简单地刻划出蹄足，且躯体浑圆，光素无纹，尾巴下垂，头部比例较商代略小，已具有一定的写实意义。

**玉龙** 商代晚期陈设用玉，河南省安阳市妇好墓出土，现藏中国社会科学院考古研究所。

高5.6、长8.1厘米。玉质墨绿色，局部有浅褐色沁。龙呈伏卧状，方形头，昂首张口露齿，鼻微凸，"臣"字形眼，眉细而弯，头顶有一对蘑菇形角贴于颈上。背脊雕成锯齿状扉棱，两短足前伸，各有四爪。短尾卷于身侧，身、尾饰菱形纹和三角形纹，均为阴线双勾琢出，左足外侧琢云纹，下颌正中有一个对钻小孔。此龙质优形美，凝重端庄，是商代肖生玉雕品中最出色的作品之一。

**玉虎** 商代晚期陈设用玉，河南省安阳市妇好墓出土，现藏中国社会科学院考古研究所。

高4.3、长11.7厘米。玉质深绿色，局部有褐斑。方头，体肥硕，张口露锐齿，双耳竖起，"臣"字形大眼，背微凹，臀部隆起，四肢前屈，呈行走状。足上雕出利爪，尾下垂且尾尖上卷。身饰双勾线云纹，尾部为连弧纹，主要花纹均为阴线双勾。左前肢有疤痕，形象富有生气。

**玉虎** 西周早期陈设用玉，河南省洛阳市兆瑶乡庞家沟出土，现藏洛阳博物馆。

高3.8、长16.5、厚2厘米。玉质灰白色。虎作四腿曲卧状，俯视，张口露齿，长尾上卷。背部刻饰平行波折纹，且利用自然黑斑巧作虎背纹。

**玉象** 商代晚期陈设用玉，河南省安阳市妇好墓出土，现藏中国社会科学院考古研究所。高3、长6厘米。玉质黄褐色。象作站立状，身体肥大，昂首前视，长鼻前伸，鼻头微下卷成一圆孔，口微张，下唇呈三角形，"臣"字形眼，小眼细眉，大耳，四肢短粗，刚健有

力，足雕四趾，尾下垂。身两侧及足饰以商代常见装饰手法双勾云纹，背前端饰菱形纹，背中部及尾部均饰双连弧纹。形似幼象，刻画得极为生动形象。

**玉羊** 西周陈设用玉，山西省曲沃县晋侯墓地63号墓出土，现藏山西省考古研究所。高2.5、长5厘米。玉质青白色。羊作回首卧伏状，卷角圆眼，前后腿屈踞，蹄趾明显，底座为凸出的长方形，以较宽的、排列有序的阴线来分界羊之四肢体躯。最具特色的是，羊的头至颈部、背至尾部有隆起的棱脊，上饰排列整齐的阴刻纹，造型简练。

**玉雌鸟** 西周中期陈设用玉，陕西省扶风县齐家19号墓出土，现藏周原博物馆。通高3.5厘米。玉质乳白色，细腻晶莹，表面磨制光洁。鸟呈伏卧状，圆眼、圆尖冠，伸颈张嘴作长鸣状。翅尖上翘，尾部下垂且分叉，爪部为一长方形座。底座下钻一较大圆孔与侧面一细孔相通。玉鸟除眼部与前腹处之外不见雕琢痕迹，它与雄鸟一站一卧，极富情趣。是西周玉器中罕见的艺术佳作。

**玉鳖** 商代晚期陈设用玉，河南省安阳市小屯北地11号房址出土，现藏中国社会科学院考古研究所。

长4厘米。利用玉料的天然色泽，用黑色部分制成鳖的甲，用肉红或灰白等色部分制成腹、颈等部位，琢出双眼、爪趾，生动逼真。吻部微残，双目圆睁，眼球与眼睑分明，四足略外伸。腹部右上方有上下对钻的牛鼻孔。玉鳖在古玉中数量不多，这种利用玉材不同色泽加以设计的俏色工艺萌生于商代。

**玉牛** 西周陈设用玉，山西省曲沃县晋侯墓地63号墓出土，现藏山西省考古研究所。

高3.7、长7.1厘米。玉质黄褐色，玉色温润。牛昂首前视，口微张，下唇有穿孔，大眼有神，尖角后耸，从角形看应为水牛。叶形耳，肌体丰满，背脊微突，短尾下垂，腿粗壮，四足直立。身体用几条阴线刻划，非常简练。商和西周玉器中牛的造型有卧式、伏式以及站立式三种，而以站立式为最少，此器是时代较早的立式玉牛。

## 玉质容器·簋

商代玉簋侈口圆唇，深腹平底，圈足直矮，通体满饰以兽面、几何纹为主的装饰纹，琢制精细。西周玉簋浅腹高圈足，纹饰简练。

**兽面纹玉簋** 商代晚期玉质容器，河南省安阳市妇好墓出土，现藏中国国家博物馆。

通高10.8、口径16.8、壁厚0.6厘米。玉质白色，有黄斑。造型仿青铜器，撇口，肥腹，圈足，通体满饰纹饰。口沿下饰三角形纹，腹部分别由二龙组成三组饕餮纹。饕餮阔鼻，

"臣"字形眼，上下夹以弦纹，下腹部为四方连续的菱形纹，圈足上饰勾云纹和目纹。琢制精细，造型典雅庄重。出土时，腹腔内放置有两件精美骨匕和一件铜匕，当系配套之物。此簋是首次发现的商代高档玉制器皿，也可能为祭祀用具。

**涡纹玉簋**　西周早期玉质容器，河南省鹿邑县太清宫长子口墓出土，现藏河南省文物考古研究所。

高10.2、口径13.5、腹径14、圈足径11厘米。玉质浅白色，微泛青色和黄色，腹部和圈足有白色沁斑，半透明，内外抛光。造型仿青铜器，口微敛，斜折沿，方唇，腹外壁弧形，内壁上直下弧，圆底，圈足微外撇，腹内壁圆润光滑，圈足内壁留有明显的凿磨痕。造型端庄沉稳，腹上下饰弦纹，中部等距离分布八个浮雕圆涡纹，与妇好墓簋深腹矮圈足、纹饰较繁缛相比，此簋浅腹高圈足，纹饰简练，具有明显的西周时代特征。

## 玉质容器·调色盘

　　箕形调色盘仅在殷墟妇好墓出土一件，纹饰反映的时代特征明显。

**鹦鹉纹玉调色盘**　商代晚期玉质容器，河南省安阳市妇好墓出土，现藏中国社会科学院考古研究所。

通长11.8、宽6.5、盘深0.4厘米。正面灰白色，上部稍风化，背面为墨绿色。造型如箕，有裂痕，三边有高起的边框，一边敞平而薄。盘底满染朱砂，当系实用器。盘后雕一对背尾相连的勾喙鹦鹉，足刚健有力，作站立状。鹦鹉"臣"字形大眼，锯齿状矮冠，短翅长尾，尾尖内卷。在两尾相连处有一个高起的圆纽，纽上有孔。背面亦雕以双鹦鹉纹，但系单线阴刻，而正面的纹样为双线阴勾。殷人屡以朱砂书写，此调色盘应起后来砚台的作用。

## 玉质容器·盘

　　殷墟妇好墓出土一件，与青铜器造型相似，素雅大方，用以盛稻粱肉食等祭品，作祭祀之礼器。

**玉盘** 商代晚期玉质容器，河南省安阳市妇好墓出土，现藏中国社会科学院考古研究所。通高4.3、口长14.6、宽8.6厘米。玉质乳白色，有黄斑，半透明。器呈圆角长方形，平沿，腹略内收，浅腹平底，圈足较高，与青铜器造型相似。腹部饰弦纹，圈足下部雕凸棱一周。圈足两长边各有"十"字形镂空三个，短边各有一个。长边与短边的"十"字形镂空分别相对应。"十"字形镂空外壁拐角规整，但内侧镂空较小，雕琢较粗糙。

## 玉质容器·罍

　　仅在晋侯墓地出土一件，这是西周墓中发现的唯一的一件玉质罍。

**凤纹玉罍** 西周玉质容器，山西省曲沃县晋侯墓地63号墓出土，现藏山西省考古研究所。高6.2厘米。出土于椁室西北角的一个青铜方盒内，这件方盒盛满各类玉质小件器物，有玉人、熊、牛、鹰、鸮、罍、龟等，可能是墓主生前玩物。其中罍为深绿色。小口，圆腹，无底。内壁有碾磨的痕迹，外壁肩饰阴线凤鸟纹，勾喙，圆眼，曲冠，扬翅，勾爪，长尾垂地。上腹部浮雕涡纹间叶纹，下腹饰三角垂叶纹。从器形到纹饰均仿青铜罍，甚为少见。

## 玉质容器·匜

陕西扶风西周墓中出土一件，造型与青铜匜相似，是西周创新型玉器。

**牛首柄玉匜** 西周中晚期玉质容器，陕西省扶风县齐家村出

土，现藏扶风县博物馆。通高4.9、通长10.5、口径6.4、腹深2.7厘米。玉质淡黄色。形同青铜匜，四矮足，有流有柄。柄作牛首形，角呈螺旋状，嘴部凸起，鼻孔扩张，柄下有耳。匜腹饰二道凸起弦纹，足饰涡纹，通体抛磨光洁，造型精巧，雕琢精致。类似的西周玉容器比较罕见。

## 其他·韘

韘在商代是射箭时用于勾弦的，相当于清代的扳指。殷墟妇好墓出土的商代晚期的韘可视为该时期的典型器。

**兽面纹玉韘** 商代晚期玉质用具，河南省安阳市妇好墓出土，现藏中国社会科学院考古研究所。

高2.7～3.8厘米。玉质淡绿色，少部分呈淡褐色。器呈短矮筒形，上口沿倾斜，下口沿平直。中空，正好套入成年人拇指。背面下部有一条横向的浅槽，槽由窄而宽。器面琢有兽面纹，兽口向下，细长眉，方形眼，双角如牛角，两耳后贴，面部两侧分别雕以身、尾和足，纹样精细。双目下各有一圆孔，以供穿绳系缚于手腕。韘在商代是射箭时用的勾弦器。

## 其他·笄

　　商代玉笄近似圆锥形，顶端多平顶无帽或呈椭圆形。精细者在笄头还雕饰有凤鸟纹、龙纹或人形图纹，器体磨制得较为光洁。

**玉笄**　商代晚期装饰用玉，河南省安阳市小屯18号墓出土，现藏中国社会科学院考古研究所。

2件，右长16.7、厚0.4厘米；左长16.5、厚0.5厘米。玉质乳白色。笄头较长，顶一侧呈弧形，似卷云纹，其下雕扉棱三对。另一侧顶部表面雕"人"字形纹两组，其下雕扉棱四对。笄杆扁圆，光滑平素，上粗下细，下端呈尖状，表面抛光。

## 其他·箍

　　商代玉箍一种呈较高的圆筒形，壁较薄，大者可为臂饰；一种较窄且厚，两端平行，个别有将棱角磨圆的，偶见有纹饰，多为弦纹。商代西周玉箍也有器作圆形，孔呈圆筒状的，用途不甚明确。

**卷云纹玉箍**　商代晚期装饰用玉，河南省安阳市妇好墓出土，现藏中国社会科学院考古研究所。

高3.6、直径6.7、壁厚0.6厘米。玉质深绿色，有白、褐色沁斑。器上下口面平整，表面雕四组相同纹饰，每组各分为上、下两段，以横平行弦纹为主纹饰，中间饰凸起的卷云形纹，近似简化兽面，但不甚形象。孔壁上下近直，似未抛光。

# 纹　饰

**直线纹**　夏商玉器装饰纹样，线条较细、笔直、圆润，雕得较深，系用小型勾砣勾划而成，成组饰于器物之上。

**菱格纹**　夏商玉器装饰纹样，主要流行于商代。用双阴线雕出方格，相邻两格以角部连接，二方连续排列或等距排列，系用小型勾砣制成，多饰于玉龙等动物或器物之上。

**云雷纹**　夏商周玉器装饰纹样，是一种连续环绕的纹饰，圆形的连续构图，称云纹，方形的连续构图称雷纹。云雷纹是商周时期青铜器上常见的纹饰，玉器上也有，由方折角的回旋线条组成，系用薄体勾砣制成，常饰于玉质容器或人物、动物身上。

**双勾阴线纹**　商代玉器装饰纹样，是用小型勾砣旋刻而成的两条匀细平行的阴线组成的纹饰。由于两线之间的距离仅约0.1厘米，故在视觉上给人以两条阴线中间“起”阳线的错觉。这种效果，可称为“双阴挤阳”，即中间的“阳线”，似是由二阴线“挤”出来的。运用双线并列的阴刻线条，有意识地形成一条阳纹，使阳纹呈现在两条阴线中间。线条深而似沟，这种工艺叫勾，两条双阴线就叫双勾阴线。由双勾阴线构成的勾云纹，是商代玉器纹饰的主体形式，见于各种佩饰及人物、动物身上。

**减地起阳线纹** 商代玉器装饰纹样，沿纹样两侧边缘用细砣分别刻出阴线，再将阴线两侧略加修磨，使线痕加宽，这样中间的阳纹就夹在两条阴线间，形成稍凸起的阳线纹。阳线纹浮起的高度约为0.1厘米。双阴线压地后的阳纹，转折处方硬，呈现刚劲有力的纹饰风格。这种纹饰在动物和一些几何形玉器中常见，但阳线纹在商代玉器中只占少数。

**三角纹** 商代玉器装饰纹样，分为小三角纹与大三角纹，小三角纹多用于玉龙或玉璜，大三角纹由多层直线组成，均由砣具制成，饰于器物之上。

**龙纹** 商代玉器装饰纹样，其龙纹的特点为龙身似蛇而短，尾部呈勾卷状，只雕一足。头有角，角似柱形或蘑菇头形。眼睛多作"臣"字形眼、目雷纹眼或斜方格眼，且多雕成张大嘴的姿态，以表示凶猛。商代早期龙身上纹饰有单线条和双线条两种，线条以直线为多，有棱有角。商代晚期在龙身上出现的纹饰，有

重环纹、单环纹、三角纹、菱格纹和云纹。西周时龙纹身体变得细长，身上的纹饰也较复杂，线条多弯形或弧形，出现了云纹式的耳形角，眼睛呈斜方格纹眼和"臣"字形眼，但"臣"字形眼的眼角线拉长，有的拉长再勾卷，形成了西周独有的风格。此外这时期大多不刻划龙足，龙身上的纹饰呈图案化，起着装饰作用，均由砣具制成。

**连弧纹** 商周玉器装饰纹样，用单阴线雕出的两个相连小弧，似"人"字，纵向排列，系用小型勾砣制成，常用于动物身上或器物之上。

**重环纹** 商周玉器装饰纹样，主要流行于商代。双阴线雕，形如盾，由若干个近椭圆形的环组成纹带，环有一至三层不等，阴刻折线，长线顶端折回似框，中部歧出分线，分线亦折，在环的一侧有两个尖锐角。用小型勾砣制成，常饰于龙及动物之身，作为动物身体上的装饰。

**鳞纹** 商周玉器装饰纹样，形似鱼鳞，常雕成上下数层，重叠出现，系用小型砣具制成，流行于商代晚期至春秋时期。商代常在玉鱼、禽鸟颈上饰以鳞纹，以示鱼鳞和羽毛纹。

**凤纹** 商西周玉器装饰纹样，玉器上琢有尾长如孔雀，头上有大冠，且弯喙的鸟形即为凤纹。商代晚期，凤鸟纹图案逐渐增多，大多采用写实、概括和夸张相结合的手法进行雕琢，轮廓简练，纹饰规整，特点突出，系用小型勾砣制成。西周的凤鸟，圆眼勾喙，在线条上逐渐摆脱了那种严谨规整的直线条的束缚，开始用斜砣雕琢，以弧线为主来塑造凤鸟形象，线条流畅，是以内细外粗的双线纹组合而成，使凤鸟显得更加活泼舒展。

"臣"字形眼纹 商周玉器装饰纹样，商代"臣"字形眼用砣具以双线压地法雕琢，目中眼珠常琢凸起的圆形，目框用双勾线刻出，是商代人物、动物纹的眼睛特征。西周"臣"字形眼眼角线拉长弯勾，系用薄体砣具制成。

大斜刀（一面坡）线纹 西周玉器装饰纹样，由双线纹组成，内线较细，外线较粗，较粗的外线由斜刀琢磨成倾斜的坡面，俗称"大斜刀"，亦称"一面坡"，此法是以斜砣雕琢而成。大斜刀线纹变商代的两条垂直阴线出阳纹，为一条垂直阴线和一条斜坡阴线相交出阳纹，刚柔相济，给平面纹饰造成立体动感，常饰于动物和各种佩饰之上。

# 春秋战国玉器

　　春秋、战国时期玉器按用途可分为礼器、用具、装饰品和艺术品等四类。

　　礼器包括祭祀玉、盟誓用玉和葬玉。春秋、战国时期，璧、圭、璋仍然是主要的玉礼器。玉琮的数量很少，而且形制多不规整，已经不属主要礼器。璜和琥主要用作佩饰。此外，环、玦、龙等，有时也可作为事神的礼玉。而戈、钺、戚、斧、矛等，都不是实用的武器，只是作为显示贵族威严的仪仗用具。春秋、战国时期玉礼器的演变，正是当时社会经济、政治制度以及意识形态变革和发展的一种反映。祭祀用玉有圭、璋、璧、璜、简等。陕西凤翔秦宗庙遗址的祭祀坑中出土100多件祭祀玉，玉璧多至81件，玉璜21件。河南辉县固围村1号墓旁的2号祭祀坑中出土有50枚玉简册、6件玉圭、43件玉环和6件玉璜。由此可见春秋、战国时期祭祀用玉的情况。盟誓用玉主要见于山西侯马和河南温县的东周盟誓遗址中，器形有圭、璋、简等，上书盟辞与璧、璜等同埋于祭祀坑中，是盟誓时奉献给神祇或祖先的祭玉。丧葬用玉有殓尸用的大玉璧、缀玉幎目、玉含、玉握等。

　　春秋、战国时期玉质用具包括带钩、觽、匕、簪、牒、耳杯、梳、镜架等，器形不大，都是实用器，有些玉器上有明显的使用痕迹。

　　装饰用玉是春秋、战国玉器中最精美、数量

最多的部分，品种繁多，很有特色。春秋、战国时期的佩玉，数量和种类都很多，用途也不尽相同。有戴在颈部作为项饰的，有戴在手腕上作为手镯的，有作为耳饰的，有作为腿部装饰的，还有佩挂在胸腹部的玉串饰或组玉佩。出土于胸腹部的组玉佩很多，盛行于春秋晚期至战国时期。其组成部分多种多样，主要有人形饰、牌饰、小型璧、环、璜、觿、瓶形饰及龙、虎、龙凤形佩、玉珠等，结构复杂，完整的一套组玉佩长达1米以上。春秋、战国时期除各级贵族普遍佩玉外，一些高级贵族身边的女婢也佩戴组合较为简单的玉串饰。其他玉饰还有耳饰玦、衣服上的玉坠、片饰等。

春秋、战国时期的玉质艺术品主要用来观赏，数量虽然不多，但多制作精美，如河南洛阳战国墓出土的伏兽玉人和山东曲阜鲁故城战国墓出土的玉马，玉质温润细腻，抛光莹亮，是罕见的艺术珍品。

春秋、战国时期玉器装饰纹样比较丰富，主要有蟠虺纹、谷纹、涡纹、云纹、勾连纹、卧蚕纹、云雷纹、兽面纹、窃曲纹、蝉纹等，其中云雷纹和蝉纹是春秋时期的纹饰，源于西周时期的牌饰纹饰。云雷纹见于璧、璜，蝉纹饰于管上。其他纹饰流行于春秋、战国时期，谷纹、涡纹、云纹和勾连纹最为常见，多饰于璧、璜、龙、虎、管上，卧蚕纹饰于璜、龙等佩饰上，蟠虺纹和兽面纹常见于牌饰和璧上，窃曲纹则常见于牌饰等玉饰上。

春秋、战国时期璧面纹饰图案主要有云雷纹、勾连纹、卷云纹、浅浮雕谷纹或阴刻的涡纹、兽面纹，另外还有素面玉璧。云雷纹、蟠虺纹常见于春秋时期，勾连纹、卷云纹和谷纹、涡纹玉璧则流行于整个春秋、战国时期，兽面纹在战国早期开始出现，重圈纹则到战国晚期出现在江淮流域。

春秋时期玉璜纹饰多为素面，也有雕刻兽面

纹、鸟纹、云雷纹、勾连云纹、卷云纹。

战国玉璜纹饰有所增多，有谷纹、涡纹、勾连云纹、卷云纹、网纹等，以浅浮雕、阴刻线或勾彻法制出。一些璜的边缘外侧常带有透雕纹饰，有龙、螭虎、凤鸟和卷云形，造型别致，制作精美。

玉龙除素面外常见纹饰有涡纹、谷纹、卷云纹、勾连纹等。

战国晚期一些玉龙体侧外缘常附雕有精美的凤鸟等纹饰。

春秋时期玉环以素面为主，也有饰勾连纹、谷纹。到战国时纹饰主要有谷纹、涡纹、卷云纹、勾连纹、绞丝纹、索纹等。

玉玦多为素面，也有雕刻云纹、勾连纹、龙纹、弦纹、兽面纹。

春秋时期玉觿装饰有蚕纹、云雷纹、勾连纹等。战国时期玉觿多饰涡纹、勾连纹、卷云纹等，一些觿的外缘附有透雕的云纹。

玉剑饰纹饰有谷纹、涡纹、卷云纹、兽面纹等。

# 器　　形

## 礼仪用玉·圭

春秋、战国时期，圭开始广泛使用。圭的质料有石、玉、陶和蚌，形制虽然相近，但是尺寸大小差异较大，有的圭底部有一个小圆孔。河南辉县固围村魏国墓地有两座祭祀坑，出土玉圭6件。20世纪50年代，在河南洛阳中州路发掘的东周墓葬中，出土54件石圭。这些圭底部磨平，多数底长大于肩部宽度，只有一件圭底部有穿孔，而且圭的长短不一，最大的长19厘米，最小的仅5.2厘米。石圭摆放的位置，有头部、胸部、腹部和脚部附近，以及棺椁上和棺椁之间，可见圭的用途远比记载的要复杂得多。这一时期，圭还用于盟誓活动中，起简册的作用。山西侯马和河南

温县的盟誓遗址中，盟辞大多书写在圭形简上。这些圭的主体狭窄，圭角尖锐，制作整齐精致。

**玉圭** 战国中期礼仪用玉，河南省辉县固围村1号墓祭祀坑出土，现藏中国国家博物馆。

长18.8、宽5.8厘米。玉质灰白色，有黑斑。扁平长方形，尖首，平底。一边磨平，另一边有切割痕迹，底部有一钻孔。器表无纹。表面残留有绢帛残片，为朱白相间的条纹，由此可知此器是先用绢帛包裹而后埋进祭祀坑内的。

## 礼仪用玉·璋

春秋、战国时期的盟誓遗址中，出土有许多玉璋形器，上面书写盟辞。但这种玉璋形器并不是标准的玉璋，看上去像有侧刃的长刀。如果将两件璋形器拼在一起，与书写盟辞的玉圭的形状很接近，符合"半圭为璋"的定义，所以从这一点来看，璋形器也是一种玉璋。由于盟誓活动带有军事联盟的政治色彩，因此在这种场合使用玉璋也符合它的定义。

**玉璋** 春秋晚期礼仪用玉，山西省侯马市秦村盟誓遗址269坎出土，现藏山西省考古研究所。

长36.1、厚0.5厘米。玉质青灰色，不透明。扁平体，接近半圭形。顶部呈锐角状，器身有一切割直线纵贯璋体，下部有一钻孔。素面，为盟誓用的礼器。

**玉璋** 春秋晚期礼仪用玉，山西省侯马市秦村盟誓遗址314坎出土，现藏山西省考古研究所。

长26.5、厚0.5厘米。玉质青白色，半透明，沁斑较多。扁平体，半圭形，一端有斜角。上下各有一个钻孔。素面，为盟誓用的礼器。

## 礼仪用玉·戈

玉戈出现很早，新石器时代龙山文化即有，但不是实用武器，而是作为显示贵族威严的仪仗用具。夏、商、西周时期，玉戈作为一种礼仪仪仗用具很流行。春秋、战国时期玉戈出土不多，但是功能依然没有改变，多出于祭祀坑、盟誓遗址。

**玉戈** 春秋晚期礼仪用玉，山西省侯马市秦村盟誓遗址284坎出土，现藏山西省考古研究所。

长23.2、厚0.12厘米。玉质青白色，质地温润，表面光洁，有沁斑。锋呈锐角状，援的上下刃锋利。下刃略弧起，上刃较直，援有中脊。内接近援处有一钻孔。此器雕琢精细，应该是死者生前的仪仗用器。盟誓完毕后，作为重要信物而被埋于坎内。

## 礼仪用玉·琮

春秋、战国时期玉琮发现很少，有素面琮、兽面纹琮和半琮等。素面琮常见于春秋、战国时期，形体较小，造型简单，制作比较粗糙。兽面纹琮和半琮见于战国早期的湖北曾侯乙墓中。春秋、战国时期玉琮与商、西周时期玉琮基本相同，只是纹饰有所变化，神秘感较强。春秋、战国时期出土玉琮数量的减少，说明琮作为礼器的地位已经减弱，此与《周礼》记载的用玉制度不符。

**兽面纹玉琮** 战国早期礼仪用玉，湖北省随州市擂鼓墩曾侯乙墓出土，现藏湖北省博物馆。

高5.4、宽6厘米，中部直径6.6、孔径5.5厘米。玉质青白色，温润，局部有褐色沁斑和裂痕。琮体矮小，内圆外方，

中部稍大于两端，局部有残损。孔为对钻，射稍高。琮四面各阴刻一相似的兽面纹，狰狞恐怖，射上阴刻横"S"形纹、网纹。此件玉琮与良渚文化玉琮相似，但纹饰和布局自有特色，应是曾侯乙的藏品。

## 礼仪用玉·璧

玉璧是出现最早，使用时间最长的一种礼仪用玉。新石器时代良渚文化的墓葬中就出土了大量的玉璧，均是作为权力、财富的象征。商至西周时期，玉璧发现不多，形状较小。春秋、战国时期是使用玉璧的最繁盛阶段，此时玉璧表面出现了纹饰。此时，玉璧除在礼制方面起重要作用外，还大量用于装饰。一般来说，用作礼器的玉璧形制较大，造型规整，多用于祭祀、盟誓和丧葬殓尸。

**龙纹玉璧**  春秋晚期礼仪用玉，陕西省凤翔县马家庄1号建筑群遗址出土，现藏宝鸡市青铜器博物馆。

直径29.7、孔径5.9厘米。玉质墨绿色，温润细腻，边缘有灰白色沁斑。璧面厚度不均匀，两面均刻出四圈头部方形、身尾以勾连云纹组成的斜三角形龙纹，两条龙为一组，身尾

交叠，每圈龙纹两侧各饰一圈绚索纹，由外至内，第一、二圈各为九组共18条龙纹，第三圈五组共10条龙纹，第四圈三组共6条龙纹，每面共计刻出52条龙纹，两面共有104条龙纹。纹饰线条均匀流畅，布局合理，是迄今为止发现的春秋时期纹饰最为繁缛、形体最大的玉璧。

## 装饰用玉·璧

　　春秋、战国时期璧面纹饰图案主要有云雷
纹、蟠虺纹、勾连纹、卷云纹、浅浮雕谷纹或阴
刻的涡纹、兽面纹，另外还有素面玉璧。云雷
纹、蟠虺纹常见于春秋时期，勾连纹、卷云纹和
谷纹、涡纹玉璧则流行于整个春秋、战国时期，
兽面纹在战国早期开始出现，重圈纹则到战国晚
期出现在江淮流域。春秋时期玉璧的造型比较单
一，到战国时期造型趋于多样化，玉璧的内孔和
外缘上常透雕有精美的纹饰。内孔多为一龙，外
缘有龙、凤和螭虎，对称或等距离分布。一般佩
饰的璧形制较小，造型多样，除圆形外，还有椭
圆形和圆角方形，造型新颖，装饰精美，常透雕
附加纹饰。

**蟠虺纹玉璧**　春秋早期装饰用玉，河南
省光山县宝相寺黄君孟夫妇墓出土，现藏
河南博物院。

直径11.6、孔径6、厚0.2～0.3厘米。玉
质黄褐色，有黑色沁斑。扁平体，圆形，
中有一孔。一面阴线刻出繁缛的蟠虺纹，
另一面光素无纹。该玉璧造型规整，纹饰
奇特，是春秋早期不可多得的珍品。

**凤纹玉璧**　战国中期装饰用玉。山东省曲阜县鲁国故城乙组
58号墓出土，现藏曲阜孔府文物档案馆。

直径4.4、孔径1.5厘米。玉质青色，半透
明，有深褐色沁斑。扁平体，以玉璧为主
体，两侧各附着一个透雕的玉鸟。玉璧内
外缘有阴刻的轮廓线，表面雕琢谷纹。玉
璧上部有一扉棱，左右偏下各雕一凤鸟相
背而立。凤鸟尖喙，长冠，屈身，卷尾，
线条流畅，造型优雅。此璧造型独特，雕
工精良，与玉环、珠、管、龙形饰同出于
墓主人的胸部，应是组玉佩的一部分。

**谷纹玉璧** 战国中期装饰用玉，河北省平山县南七汲村中山国1号墓陪葬墓出土，现藏河北省文物研究所。

直径13.9厘米。玉质青色，半透明，温润光泽，局部有裂纹。扁平体，正圆形，璧大于孔，外缘部分已残。内外缘都有阴刻轮廓线，两面碾琢谷纹。此璧器形规整，纹饰密集，是战国时期玉璧的常见形制。

**凤纹玉璧** 战国中期装饰用玉，河北省平山县南七汲村中山国1号墓出土，现藏河北省文物研究所。

长7.6、宽4厘米。玉质白色，半透明，温润光泽，有铜绿色沁斑和黑色斑点。璧扁平体，正圆形。内外缘都有阴刻轮廓线，两面碾琢减地谷纹。两侧透

雕背向而立的凤鸟，与璧外缘相连。凤鸟长冠，首向外，尖喙垂胸，身作"S"形弯曲，长颈挺胸，尾上卷，一足前伸。凤鸟表面用单阴线雕出轮廓，间有云纹和阴线纹。此璧造型新颖，透雕工艺精湛，碾磨光润。

## 装饰用玉·璜

春秋时期玉璜出土数量多，造型以传统样式为主，多为素面，也有的雕刻兽面纹、鸟纹、云雷纹、勾连云纹、卷云纹。战国时期玉璜造型和纹饰增多，有边缘雕琢出扉棱的璜、两端雕刻成龙首或虎首的璜以及整体透雕成动物造型的璜，后一种璜常作龙首相背或龙首回顾状。纹饰有谷纹、涡纹、勾连云纹、卷云纹、网纹等，以浅浮雕、阴刻线或勾彻法制出。一些璜的边缘外侧常带有透雕纹饰，如龙、螭虎、凤鸟和卷云形，造型别致，制作精美，多数玉璜上有一圆穿，可以佩戴。

**蟠虺纹玉璜** 春秋早期装饰用玉，河南省光山县宝相寺黄君孟夫妇墓出土，现藏河南博物院。

长11、宽2.5、厚0.2厘米。玉质青色，半透明，光润。扁平体，扇形。边缘有对称的扉棱，一面以中部为界，雕刻左右对称的双勾阴线变形蟠虺纹。两端各有一圆穿。此璜造型

传统，纹饰精美，线条流畅规整，雕工细致，是春秋时期玉璜的标准器。

**蟠虺纹玉璜** 春秋晚期装饰用玉，河南省辉县琉璃阁甲墓出土，现藏台北历史博物馆。

长9.3、宽2.9、厚0.4厘米。玉质白色，有黑褐色沁，间杂朱砂及土沁。器作扇形，四边皆有扉棱，双龙头，身相接，表面满饰蟠虺纹、卷云纹间刻阴线羽纹，两面纹饰相同。纹饰为粗细两种刀法交错使用雕刻，两侧各有一穿孔。此器当为组佩的主体。

**龙纹玉璜** 战国早期装饰用玉，湖北省随州市擂鼓墩曾侯乙墓出土，现藏湖北省博物馆。

长16、宽4.6、厚0.4厘米。玉质青黄色，半透明，温润光泽。扁平体，扇形，左右对称。主体由四条龙构成，多处透雕，龙身体弯曲盘绕，身姿变换多样。璜体一面碾琢云纹、鳞纹、线纹，另一面素面。此器显示出极高的碾琢技术。

**龙形玉璜** 战国晚期装饰用玉，安徽省长丰县杨公2号墓出土，现藏故宫博物院。

长13.6、宽3.7、厚0.3厘米。玉质黄色，质地纯净润泽，大部分已经沁成褐色。扁平体，透雕，两端雕成龙首形。龙回首，独角，一足向后卷曲，另一足伸出器身外侧。龙体通饰勾连云纹。佩上部雕云纹并从龙体中部一直向下延伸蟠曲于龙体下部。此件玉佩构图新颖，线条流畅，雕工精良，是战国时期玉器的珍品。

## 装饰用玉·龙形佩

龙体造型多为单或双"S"形，也有作团身和圆体的。龙体两端多为一首一尾，也有雕出双龙首，或相对或相背。龙足作爪形或羽状，有的龙体无爪，似蛇形。玉龙除素面外常见纹饰有涡纹、谷纹、卷云纹、勾连纹等。战国晚期玉龙还有缠体双龙、五重曲体龙等复杂造型，一些玉龙体侧外缘常附雕有精美的凤鸟等纹饰。

**卷云纹龙形玉佩** 春秋晚期装饰用玉，山西省太原市金胜村赵卿墓出土，现藏山西省考古研究所。

长11.7、厚0.35厘米。玉质青白色，局部有褐色沁斑。扁平体，雕成龙形。龙回首，独角，圆眼，吻向上卷曲。龙体曲折，尾巴上翘。龙尾雕琢成凤首。龙体外缘有轮廓线，表面饰凸起的卷云纹，脊背顶端有一个钻孔。龙体曲线流畅，造型活泼，身体上的纹饰凸现出来，极富动感。

**涡纹龙形玉佩** 春秋晚期装饰用玉，山西省太原市金胜村赵卿墓出土，现藏山西省考古研究所。长9.9、厚0.4厘米。玉质青白色，部分有褐色沁斑。扁平体，雕成龙形。龙体伏首，拱身，卷尾，体下有足，额上有角。龙身周围用细线阴刻轮廓，轮廓内阴线刻出涡纹，尾部饰线纹。龙体威猛，呈蓄势待发状。

**龙形玉佩** 战国早期装饰用玉，湖北省随州市擂鼓墩曾侯乙墓出土，现藏湖北省博物馆。长12.9、宽4.9、厚0.3厘米。玉质青黄色，半透明，温润光泽，有酱黄色斑点。扁平体，略呈长方形，透雕出对称的两条相连的"S"形卷龙。龙伏首，张口，圆目，独角，曲身，卷尾。龙的上吻咬着与龙身相连的小龙。

龙体外缘有阴刻轮廓线，表面刻阴线纹、卷云纹、三角网格纹、"S"形纹。两龙身体相接触下部雕成变形饕餮，表面刻出网状三角纹，左右刻双勾云纹，上部有三周同心椭圆。造型独特，雕琢工艺精湛，是战国时期玉雕制品中的精品。

**龙凤纹玉佩** 战国早期装饰用玉，湖北省随州市擂鼓墩曾侯乙墓出土，现藏湖北省博物馆。长48、宽8.3、厚0.5厘米。青白玉质，半透明，温润光泽。扁平体，有白斑。整组玉佩呈长带形，由十六节组成，其主要构件有五组，四个活环，可以拆开，还有八个活环不可拆卸，但可以卷折。主体图案以龙、凤为主，雕刻技法集平雕、浮雕、透雕、阴刻、剔地、碾磨于一体，工艺复杂，是中国玉器工艺史上的奇葩。

**谷纹龙形玉佩** 战国中期装饰用玉，河北省平山县南七汲中山国1号墓陪葬墓出土，现藏河北省文物研究所。

长23.2、宽11.4厘米。玉质褐色，半透明，有白斑。扁平体，透雕而成龙形。龙回首，曲体，卷尾下垂。内外缘有凸起的轮廓线，上通身雕琢谷纹。两面纹饰相同，背部有一钻孔。此龙佩形体巨大，线条流畅，是战国时期此种佩饰中的上乘之作。

**勾连云纹龙凤玉佩** 战国晚期装饰用玉，安徽省长丰县杨公2号墓出土，现藏故宫博物院。

长15.4、宽6.8、厚0.3厘米。玉质黄褐色，半透明，温润光滑，大部分已经变成褐色。扁平体，透雕，主体为璜形，两端雕对称的龙形，一端龙首残断。龙首向前观望，圆眼，独角，张口，联体。内外缘有阴刻轮廓线，颈、主体饰阴刻勾连云纹。双龙下镂刻背向而立的双凤。凤鸟长冠尖喙，挺胸玉立，卷尾。双凤之间以勾连云纹组成一心形纹饰，连接双凤。佩上有一孔，双龙腹下各有一孔，可以系佩其他玉饰，形成组玉佩。此件玉佩造型、图案设计巧夺天工，将雕、琢、镂、刻、切、磨、钻等琢玉工艺巧妙结合，是中国古玉艺术的上乘之作。

**谷纹龙凤玉佩** 战国晚期装饰用玉，安徽省长丰县杨公2号墓出土，现藏安徽省文物考古研究所。

长21.4、宽11.5、厚0.9厘米。玉质黄色，半透明，温润光泽，有褐色沁斑。扁平体，透雕成一条盘旋飞舞的龙形。龙张口，回首，身体多次盘卷，尾部变成凤鸟。内外缘有凸起轮廓线，龙体上碾琢谷纹、卧蚕纹，角、足、翼饰阴线纹，背部有一钻孔。

**羽纹龙凤玉佩**　战国装饰用玉，河南省洛阳市金村东周王室墓出土，现藏美国堪萨斯州纳尔逊美术馆。长6.8、宽5.9厘米。玉质青黄色。扁平体，透雕成双龙双凤盘绕纠缠状。双龙首相背，张口，头后长鬃上扬成钩状，龙体相连，龙爪变形为长钩状。龙体上方阴刻两只凤鸟，头相对，口略张，一只足踏龙身，一只展翅欲飞，鸟尾修长垂于龙头上。龙和凤鸟身上碾琢羽状纹、双勾线纹等。此玉饰构图新颖，图案对称平衡，透雕空白处均呈弯曲状，线条流畅优美，是战国时期装饰玉中的巅峰之作。

## 装饰用玉·虎形佩

　　在"六瑞"中，玉虎是祭拜西方的礼器。由于玉虎的形状与其他五种瑞玉不协调，有的学者干脆用璜来代替它。事实上，用虎形玉器作礼器显得太牵强附会，因为商代以来，玉虎都是用作装饰品或陈设品。战国时期，虎的形象被制成虎符，是王侯用来调兵的信物。战国时期的虎形玉佩大多是卧虎形，样子与虎符非常相似。此时的玉虎都是作为佩饰使用，玉工在准确抓住虎的特征的同时，进行了大胆的夸张和渲染。例如，玉虎大头，巨口利齿，身体呈长方形，用长线条表示虎体斑纹。玉虎的神态往往通过对足的刻画反映出来，疾奔者威武凶猛，势不可挡；匍匐者虎视眈眈，一触即发。

**卷云纹虎形玉佩** 春秋早期装饰用玉，河南省光山县宝相寺黄君孟夫妇墓出土，现藏河南博物院。

长12.7、宽6.2、厚0.3厘米。玉质青灰色，有黑斑，半透明，有光泽。扁平体，雕成虎形。虎低头，张口，耳前伸，身体向上拱起，卷尾。虎口和尾部各有一个钻孔。虎的前后足向前匍匐，虎爪勾卷。虎头、虎身和虎尾雕琢卷云纹来象征虎皮斑纹。双足上饰垂鳞纹，虎耳刻细密的阴线纹，外缘有双阴纹轮廓线。

**卷云纹虎形玉佩** 战国中期装饰用玉，河北省平山县南七汲中山国1号墓陪葬墓出土，现藏河北省文物研究所。

长11.1、宽4.8厘米。玉质黄褐色，有光泽，局部有黑斑。扁平体，雕刻成虎形。虎口、耳、足、尾都镂雕出扉棱。虎张口，圆目，伏卧，尾上卷。虎体外缘阴刻绚索纹轮廓线，表面上半部分阴刻疏朗的斜线，下半部分碾琢浅浮雕卷云纹，虎背部和尾部各钻一孔。

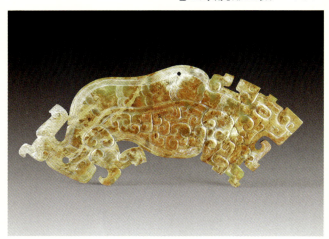

## 装饰用玉·其他动物形佩

　　由于动物形玉雕主要用于佩戴和观赏，具有装饰功能，便成为玉工们充分发挥琢玉技巧和审美思想的天地。玉工们在日常细心观察自然界飞禽走兽的各种神态的基础上，雕琢出一件件栩栩如生的动物形象。

**兽面形玉佩** 春秋早期装饰用玉，河南省光山县宝相寺黄君孟夫妇墓出土，现藏信阳地区文物管理委员会。

长6、宽5.5、厚0.2厘米。玉质青灰色，半透明，温润光泽。扁平体，上宽下窄，一角残缺。下部用阴线碾琢出兽眉、目、口、鼻、须和向左右伸张的角，兽面上端雕刻阴线双勾蟠虺纹，两侧及下方各有一个钻孔。

**鱼形玉佩** 春秋早期装饰用玉，河南省光山县宝相寺黄君孟夫妇墓出土，现藏信阳地区文物管理委员会。

长6.1、宽1.2、厚0.15厘米。玉质青褐色，半透明，温润光泽。扁平体，新月形。背、腹部刻扉棱，外缘有阴刻轮廓线，表面碾琢双阴线卷云纹和鱼鳞纹，鱼背鳍上有一钻孔。

**蟠虺纹鹦鹉首玉佩** 春秋晚期装饰用玉，江苏省吴县严山出土，现藏苏州市吴中区文物管理委员会。

弧长8.4、宽3、厚0.5厘米。玉质淡绿色，半透明，有光泽。扁体长方形，两端雕刻成对称的鹦鹉首。鹦鹉高冠，尖喙，长颈与器身连为一体。此饰品外缘有阴刻轮廓线，器表以"十"字形阴线分为四区，每区内都碾琢减地蟠虺纹和羽状纹。此器造型奇特，是春秋时期玉器中的珍品。

**卷云纹鸟首玉佩** 战国早期装饰用玉，湖北省随州市擂鼓墩曾侯乙墓出土，现藏湖北省博物馆。

长9.3、宽2.9、厚0.4厘米。玉质青白色，半透明，晶莹温润。扁平体，接近长方形，透雕。鸟尖嘴，圆眼，勾爪。鸟体外缘有斜线纹轮廓线，表面碾琢卷云纹、束丝纹。此佩造型极其独特，在战国玉器中极为珍贵。

**云纹鹦鹉形玉佩** 战国中期装饰用玉，河南省辉县固围村2号墓出土，现藏中国国家博物馆。

长7.6、厚0.5厘米。玉质白色，半透明，温润光泽，有白斑，局部有深褐色沁斑。扁平体，透雕成鹦鹉形。鹦鹉俯首勾喙，圆目，长冠，垂尾。表面碾琢云纹、斜线纹。

**鸟形玉佩** 战国中期装饰用玉，河南省辉县固围村6号墓出土，现藏中国国家博物馆。

长3.7、宽1.8厘米。玉质黄褐色，半透明。扁平体，雕成孔雀状。圆目前视，尖喙闭合，缩首高冠，尾部大而上扬。表面用阴线碾琢雏鸟的冠和尾部，喙和腹部各有一个钻孔。此玉鸟造型奇特，碾磨光滑。

**凤形玉佩** 战国晚期装饰用玉，现藏故宫博物院。

长11.6、厚0.5厘米。玉质白色，有褐色沁斑，温润光洁，半透明。扁平体，镂雕成凤鸟形。凤鸟长冠，尖喙，张口，菱形目，双足后卷，羽翼后扬。外缘有阴刻轮廓线，表面有阴线表示凤鸟的翎毛，凤鸟

头部有一钻孔。造型飘逸轻灵，线条流畅，显示出了凤鸟的高贵尊严。

## 装饰用玉·组佩

组玉佩是春秋、战国时期悬挂在人们颈下和腰间最主要的装饰品。当时人们把玉佩作为装饰服装的珍品，并将它作为长寿的象征以及馈赠的礼品。从春秋、战国时期玉佩组合更加繁琐，形成"组玉佩"。组玉佩中最主要的器类是璧、璜、环和冲牙等，它们之间用丝带穿系，系带上缀珠子和玉管。著名考古学家郭宝钧先生曾根据发掘出土遗物和古代文献记载，复原过一套完整的春秋、战国"组佩"，它基本可以反映出当时玉佩的面貌。这套玉佩中央是一件大玉璧，上下各有一件玉璜。上璜两端缀玉珠，璜上部有一件玉环。下璜两端所缀玉饰叫玉牙，两牙之间的方形玉饰叫玉冲，人佩戴行走时，冲牙相触，发出悦耳的声音，以驱除杂念。大型多璜组玉佩仅出于国君及其夫人的墓中，包括太子在内的其他高级贵族墓均不见，说明大型组玉佩的使用有严格的制度，使用范围仅限于公、侯等诸侯国国君及其夫人。同时，多璜组玉佩也是区别贵贱、礼尊卑的标志。从春秋、战国墓葬出土的玉佩饰来看，社会地位越高的贵族佩戴的组玉佩串饰越多，质地、工艺越精良。相反，社会地位越低的贵族，佩饰就越少。

**组玉佩** 战国中期装饰用玉，山东省曲阜市鲁国故城乙组58号墓出土，现藏曲阜市文物管理委员会。

玉璧直径5.2、玉龙形饰长10.7厘米。组玉佩由1件玉璧、9件玉管、1件玉龙形饰组成。青白玉质，有黑褐色沁斑，半透明，有光泽。玉璧位于最上方，上部有一方形齿凸，用于系佩，下部外缘左右透雕凤纹装饰，璧上碾琢谷纹。璧下是八件玉管分两行对称排列，管上装饰谷纹。其下是一件玉管，玉管两侧各透雕一条龙附于管壁，管上饰谷纹。最下面是一件龙形饰，龙独角，张口，回首，曲身，卷尾，满饰谷纹，背部穿一孔。此组玉佩组合工整对称，各个玉质构件碾琢精致，是战国时期组玉佩中的精品。

## 装饰用玉·环

　　春秋时期玉环截面作扁平长方体，以素面为主，也有饰勾连纹、谷纹者。战国时期玉环截面除扁平长方体外，还有椭圆形和菱形的，后一种玉环常与带钩同出于人体腰部，可能是束带用具。纹饰主要有谷纹、涡纹、卷云纹、勾连纹、绞丝纹、绹索纹等。出土玉环中最精美的是外缘上透雕龙凤图案的环以及双环之间透雕卷龙纹的套环，造型奇特，纹饰雕刻细腻多样。

**龙纹玉环** 战国早期装饰用玉，山西省长治市分水岭53号墓出土，现藏山西博物院。

直径5.2、孔径2.8、厚2.7厘米。玉质鸡骨白色。扁平体，圆形。内外缘有凸起的轮廓线。表面浅浮雕六组龙纹和蝌蚪纹，其尾巴雕刻生动，装饰效果很强。

**谷纹玉环** 战国中期装饰用玉，河北省平山县南七汲村中山国1号墓出土，现藏河北省文物研究所。

直径10、孔径5.7、厚0.5厘米。玉质淡绿色，半透明，表面有光泽，局部沁成褐色。

内外缘有凸起轮廓线，两面雕琢谷纹。器形规整，纹饰密集
而均匀，是春秋、战国时期玉环的标准器。

## 装饰用玉·玦

　　春秋、战国时期的玉玦出土数量不多，常见有
两种样式：一种为新石器时代就已存在的传统样式，
扁平体，多为素面，也有雕刻云纹、勾连纹、龙纹，
或在缺口部位雕刻出双龙首形的；另一种为圆柱体，
为春秋、战国时期所特有，玦表面碾
琢弦纹、兽面纹或素面。由于大多出
于墓主人的头骨两侧，因此推知此类
玦应为耳饰。

**蟠虺纹玉玦**　春秋晚期装饰用玉，河南省
淅川县下寺3号墓出土，现藏河南省文物考
古研究所。
高3、直径2、孔径0.9厘米。玉质浅褐色，
半透明，有光泽。圆柱体，中有圆孔，一
侧有缺口。器表琢饰蟠虺纹，顶部饰双环
纹，碾琢精致。

**卷云纹龙首玉玦**　战国
中期装饰用玉，河北省平
山县南七汲村中山国1号
墓出土，现藏河北省文物
研究所。
直径3.9厘米。玉质黄褐
色，半透明，温润。扁平
体，环形，有缺口。缺口
的两端雕成龙首形，龙首
杏仁眼，独角，张口。内
外缘有阴刻轮廓线，表面
碾琢减地卷云纹，顶端有
一孔。

## 装饰用玉·觿（冲牙）

　　春秋、战国以后，觿在组玉佩中往往成对出现，因其冲击其他玉器而发出声音，所以又称冲牙。从考古材料来看，春秋、战国时期玉觿常成对出土，上均有圆穿或镂孔，造型相同，纹饰精美。可知此时的玉觿主要作为佩饰，位于组佩最下方。春秋时期的玉觿似兽牙，比较粗短，觿首为兽首形，觿身装饰有蚕纹、云雷纹、勾连纹等。战国时期玉觿多为细长的长角状或弯曲的龙体，觿首作虎首或龙首，觿身饰涡纹、勾连纹、卷云纹等，一些觿的外缘附有透雕的云纹。

**蟠虺纹玉觿**　春秋晚期装饰用玉，河南省淅川县下寺1号墓出土，现藏河南省文物考古研究所。

2件，均长5.3、宽0.7、厚0.65厘米。玉质青白色，半透明。两件器形、纹饰相同，一件有浅褐色沁斑。扁平体，弧形，一端雕成兽头形，另一端平直。器体阴刻斜线纹轮廓线，中间碾琢阴线蟠虺纹，兽头一端有一孔。

**涡纹龙形玉觿**　战国中期装饰用玉，河北省平山县南七汲村中山国1号墓出土，现藏河北省文物研究所。

长22厘米。玉质青灰色，半透明，温润。扁平体，弧形，透雕成龙形。龙回首，独角，长上吻，颈部向后卷曲与下吻相交，颈下伸出前足，略残缺。尾部分为二支，一支向前回卷与龙体相交，另一只尾端向下弯曲，尖锐。颈部刻单阴线纹，龙体上下缘有阴刻轮廓线，表面碾琢涡纹，龙口部和背部各有一钻孔。此玉觽造型巧妙，雕刻线条流畅，是战国时期的玉器精品。

## 装饰用玉·其他

　　为造型各异的长方形、椭圆形、拱形片状和管形玉质装饰品，片状玉饰上往往有数个穿孔可供佩系，或许是组玉佩上的饰件，一面光素者也可做葬玉中的缀玉衣服使用。管形玉饰包括不规则圆柱形、长条形、竹节形和瓶形等，皆有一纵穿，穿缀于组玉佩的系绳上。

**兽面纹牌形玉佩**　春秋晚期装饰用玉，河南省淅川县下寺1号墓出土，现藏河南省文物考古研究所。

长7.5、宽7.1、厚0.2厘米。玉质鸡骨白色。片状，呈倒梯形，两侧有对称的扉棱。整块玉饰用浅浮雕刻出若干组纹饰，除下部正中为一兽面纹外，其他部分均是左右对称的变形蟠虺纹，背面无纹。其纯净的鸡骨白色、生动的兽面纹和繁缛的蟠虺纹，施以浅浮雕技法，使整块玉饰显得庄严诡秘。

**卷云纹瓶形玉佩**　战国晚期装饰用玉，安徽省长丰县杨公2号墓出土，现藏安徽省文物考古研究所。

长3.2、厚0.5厘米。玉质青褐色，半透明，有光泽，扁平体，主体为桃心形，外缘有阴刻轮廓线，表面碾琢卷云纹。两侧透雕出蔓草纹，底部刻出卷云纹，上端为一平台，中间纵穿一孔。此玉饰造型新颖，雕工精致。

## 装饰用玉·人形佩

玉人形佩饰有平雕和圆雕两种。春秋时期仅见平雕和圆雕的人首形玉饰。战国时期玉人造型多样，平雕玉人多雕出全身形象，如中山王墓牛角发形玉人及玉舞人等，圆雕玉人有洛阳小屯村1号墓出土的伏兽玉人、曾侯乙墓出土的双面玉人等。平雕玉人上多有穿孔或下端有榫，可以佩戴或插嵌，圆雕玉人制作精良，抛光明亮，是用于观赏的艺术品。另外，这些玉人又是研究当时人们的外貌、服饰的宝贵资料。

**人首纹玉佩** 春秋早期装饰用玉，河南省光山县宝相寺黄君孟夫妇墓出土，现藏河南博物院。

2件，均直径3.8、厚0.2厘米。玉质黄色，温润光泽。两件厚薄、纹饰相同。扁平体，椭圆环形。两件正反面纹饰略有差别，右边一件一面阴刻人的头发、眼睛、耳、口、鼻和蛇身，另一面纹饰大体相同，只是眼睛为圆圈纹。左边一件一面阴刻纹饰，一面为剔地阳纹。两件皆为侧身人形，耳戴圆环，似为一男一女。玉饰制作精致，人首蛇身造型奇特，是已出土玉器中的绝品。

**人形玉佩** 战国早期装饰用玉，湖北省随州市擂鼓墩曾侯乙墓出土，现藏湖北省博物馆。

高2.5、宽1、厚0.7厘米。玉质青黄色，半透明。整体简略雕出人之头、肩、身体及面部的双眉、眼睛和耳朵，身着长裙，不见手足，自头顶中部纵钻一孔。此玉人造型简单，雕琢不精。

## 装饰用玉·串饰

　　春秋、战国时期贵族墓中，墓主人的颈、胸、头侧、腕部，棺、椁间或椁外常发现有由玉珠、其他玉饰组成的串饰，一般珠呈管、菱、球形，饰为管形、长方形、马蹄形、贝形及蚕、蝉、龟形和不规则形等，串连的方法各有不同。其中颈部的项饰最多，腕部的串饰次之。项饰是当时很流行的一种串饰，男女都可佩戴。另外，贵族家里地位较高的奴婢也佩戴玉串饰，但玉饰的种类较少，一般只有玉珠、玉璜和玉环，组合比较简单。

**玉项饰**　春秋早期装饰用玉，河南省三门峡市上村岭虢国墓地1820号墓出土，现藏中国国家博物馆。

椭圆形玉饰长2.4、宽2、厚0.3厘米；马蹄形玉饰长2.2、宽2.2、厚0.3厘米。这套项饰由101枚鸡血色石珠、10枚马蹄形玉片、1枚椭圆形玉片和2枚小石饰组成。鸡血色石珠用双线串成两行，每隔若干枚珠子，双线并穿入一枚马蹄形玉片中。马蹄形玉片用璞玉制成，正面雕琢双阴线勾连纹，背面无纹。椭圆形玉片上刻双阴线凤鸟纹。项饰红白相间，色彩绚丽。

## 装饰用玉·剑饰

　　玉剑饰是用于装饰金属剑和鞘的玉制饰件以及用玉雕成的玉剑。最早的玉剑饰见于河南省三门峡市上村岭虢国墓地中出土的西周晚期的玉茎铜芯铁剑上。春秋、战国时期玉剑饰最早见于江苏六合县程桥春秋晚期墓中，仅出玉剑首和剑格，均作长椭圆形柱体。战国时期玉剑饰出土较多，形制也比较完备，包括剑首、剑格、剑璏、剑珌等，纹饰有谷纹、涡纹、卷云纹、兽面纹等。这些玉剑饰的形制直到汉代还在沿用，所装饰的剑称为"玉具剑"。真正的玉剑仅见于战国早期的湖北随州市曾侯乙墓中，美观但不实用。

**动物纹玉剑璏** 春秋晚期装饰用玉，山西省太原市金胜村赵卿墓出土，现藏山西省考古研究所。

长5.3、宽4.2、厚2厘米。玉质白色，部分有深褐色沁斑。扁长方形，透雕多种动物形象。上部琢蟠虺纹，虺颈细长，向下折曲成为鹅身，鹅表面装饰蟠虺纹，其后琢出鱼尾，并琢出细密的阴线。虺首下雕琢龙首，龙嘴部与虺口吻合。龙角上装饰四道凸起的云纹，至后端琢出阴线鳞纹。此剑璏结构独特，雕琢工艺精湛，是春秋时期玉剑饰的极品。

**卷云纹玉剑首、玉剑格** 春秋晚期装饰用玉，江苏省六合县程桥2号墓出土，现藏南京博物院。

玉剑首长4.8、宽3.5、厚3.8厘米；玉剑格高1.2、宽3.6厘米。剑首、剑格玉质均青色，质地温润。剑首呈长方体，两侧各有三道凹槽，整体雕琢蟠虺纹和卷云纹。剑格呈椭圆形，周围雕刻出连续的长方形纹饰，中饰卷云纹。这

种形式的剑首、剑格，在东周时期很独特。出土时，不见剑璏、剑珌，尽管青铜的剑茎、剑锷已经残段，仍然可以看出这把玉具剑是一柄精美的利兵。

## 装饰用玉·雕饰板

雕饰板均出土于战国时期中山王墓中，是镶嵌在棺椁上的装饰玉。这些玉板，都采用隐起的雕刻技法，浅浮雕动物、龙、凤、蟠虺纹样，风格怪诞离奇，神秘又美观。这种玉雕板画是中山国独创的雕刻艺术，不见于同时期其他诸侯国。

**龙纹玉板** 战国中期装饰用玉，河北省平山县南七汲村中山国3号墓出土，现藏河北省文物研究所。长10.6、宽6.3厘米。玉质灰褐色，透明度差，器表光滑。扁平体，长方形，四边外缘有凸起的轮廓线。玉板布局分为三部

分，右侧三分之一处有一竖线，左侧由左上至右下有一对角线分别将玉板隔开，竖线相间阴刻网格纹，对角线饰绚索纹。右区碾琢减地双尾"S"形龙纹，龙体阴刻鳞纹。左侧右上区雕刻夔龙纹，夔龙回首，椭圆形目，吻前伸，闭口，独角修长，龙体上阴刻细密的网格纹和并列的单阴线纹。左侧左下区刻减地的龙纹，阴线雕刻双眼，龙身作顺时针方向旋转，尾端伸入三角形的左上角处。龙体外缘有阴刻轮廓线，表面碾琢鳞纹。布局紧凑，雕工精湛，是战国时期玉制工艺品的代表作。

**龙纹玉板** 战国晚期装饰用玉，河北省平山县南七汲村中山国3号墓出土，现藏河北省文物研究所。长14.8、宽11.3厘米。玉质黑灰色，不透明。扁平体，长方形，雕刻四条对称盘绕的龙。左侧两条盘绕成双"S"形，龙头相向，交叉于龙身弯曲处。头上有双目，额头上雕刻细密的阴线纹，身体的外缘有较粗的轮廓线，前后足附于身体两旁，足端可见利爪。龙

尾两歧分别向上勾卷。龙身上又雕小龙，身体与大龙身体重合，龙身上分别雕刻细密的鳞纹和绚索纹。右侧构图与左侧完全相同，仅龙身上的纹饰相反，即对角线上的两龙身体纹饰一致，构图独具匠心。

## 丧葬用玉·殓尸大璧

　　大璧是春秋、战国时期专门用来殓尸的一种丧葬用玉。一般放在墓主人的胸部和背部，出土数量较多。玉璧均用深青色玉料制成，器形较大而且纹饰规整，加工较粗糙。璧面纹饰为夔首和涡纹或蒲纹，多分为内外两区，亦有三区纹饰带者。大多出土于山东曲阜鲁国故城乙组52号墓及其同一墓地的58号墓中。此外，还有放置于棺上的饰有卷云纹、谷纹或涡纹的玉璧。

**龙纹玉璧** 战国早期丧葬用玉，山东省曲阜市鲁国故城乙组52号墓出土，现藏曲阜孔府文物档案馆。

直径32.8、孔径11.6、厚0.6厘米。玉质深绿色。扁平体，正圆形。内外缘阴刻轮廓线。器面纹饰分为三区。内外两区雕琢双尾连体龙纹，内区纹饰分为三组，有隔栏。外区纹饰分为五组，亦有隔栏。中区装饰谷纹，三区纹饰之间用绚索纹隔开。此墓棺内死者身上从头至脚均放一层玉璧，身下亦垫一层玉璧，反映出战国时期"君子无故玉不去身"的佩玉礼俗和鲁国丧葬礼仪。此璧纹饰诡异，雕琢精良。

**龙纹玉璧** 战国早期丧葬用玉，山东省曲阜市鲁国故城乙组52号墓出土，现藏曲阜孔府文物档案馆。

直径19.9、孔径6.9、厚0.4厘米。玉质青褐色，质地纯净温润，有光泽。扁平体，正圆形。内外缘有阴刻轮廓线。器用一周隐起的绹索纹分隔成二区，内区饰涡纹，外区对称分布四组双尾龙纹。龙纹相互缠绕，神秘飘逸。此样式是战国玉璧的典型器，对汉代玉璧影响很大，在同墓及其同一墓地的58号墓中还发现有类似的玉璧四件。

**谷纹玉璧** 战国晚期丧葬用玉，湖北省江陵县望山2号墓出土，现藏湖北省博物馆。

直径21.7、孔径8、厚0.8厘米。玉质青色，半透明，温润光泽。扁平体，正圆形。内外缘有阴刻轮廓线。两面均雕琢菱形格，格中阴刻隐起的谷纹。此璧造型、纹饰规整，是战国时期常见器形。

## 丧葬用玉 · 缀玉幎目

缀玉幎目是将玉片缝缀在织物上，然后覆于死者面部。最早见于西周中期的诸侯贵族墓中，春秋、战国早期盛行将玉片制成人面五官形的面饰，战国中、晚期新出现一种镂雕玉片的面饰。汉代的玉衣就是从缀玉幎目发展而来的。

**缀玉、石幎目** 战国早期丧葬用玉，河南省洛阳市中州路1316号墓出土，现藏中国国家博物馆。

最大件长约3厘米。灰色璞玉制成，表面无光泽。扁平体，雕成各种几何形。由27片组成人面形。眉、颊、鼻、口、腭用动物形石片摆出，眼用梭形石片表示，在两颊上有两块兽形玉饰，嘴饰下各有两块兽形玉饰斜直放置，代表胡须。外围用十块长方形石片代表脸形轮廓。额上摆放一枚石璧。这些玉石饰排列有一定规律，各片石片饰上均有数量不等的小孔，可以缝缀在丝织品上，用来覆盖在墓主人脸上。

**缀玉幎目** 战国中期丧葬用玉，河南省洛阳市中州路1723号墓出土，现藏中国国家博物馆。

最大件长约5厘米。灰色璞玉制成，表面无光泽。扁平体，雕成各种几何形。共23片（本图缺一片），出土于墓主人的面部，各件分别放在相当于面部的额、眉、眼、鼻、口、耳以及面部轮廓部位，组成人脸形。各玉片上均有数量不等的小孔，原来都缝缀在一块方形的外黑内红色的织物上。

## 丧葬用玉·含

　　玉含是一种含在死者口中的丧葬用玉，春秋、战国时期出土玉含不多，形体很小，多为残玉器和碎玉块，也有雕琢较好的玉禽兽、玉珠、玉贝等。

**玉含** 战国早期丧葬用玉，湖北省随州市擂鼓墩曾侯乙墓出土，现藏湖北省博物馆。

14件，长1.2～2.4、宽0.5～0.8厘米。均出土于墓主人口内。玉质青白色，半透明，滋润光泽。器为仿生圆雕，有牛、羊、猪、狗、鸭、鱼等。器小如豆，只勾勒出轮廓，不雕出细部，但形态逼真。

## 丧葬用玉·握

　　春秋、战国时期出土很多，握在死者手中，多为圆柱状，是汉代猪形玉握的雏形。

**云纹玉握** 战国早期丧葬用玉，湖北省随州市擂鼓墩曾侯乙墓出土，现藏湖北省博物馆。

2件，均长4.8、上径1.8、下径2.1厘米。玉质灰白色，半透明，纯净滋润。圆柱体，两端平齐，一端较小。玉握分为上下两区，分别以阴刻斜线作轮廓，中间碾琢云纹。两握纹饰相同，分别出土于墓主人的左右手处。这种圆柱形玉握在战国时期很流行，河南洛阳中州路战国墓中出土有多件。

## 玉质用具·带钩

　　春秋、战国时期的玉带钩出土较多，作为束带之用，常见有四种形制：第一种作水禽形，钩体似鸭腹形，鸭嘴形钩首，纽近尾端，大多数素面，也有雕刻涡纹、方格网纹、谷纹的。第二种为铲形，钩体为铲形兽面，钩首为龙首。第三种为分节带钩，用金属杆串联数件玉块制成细长条，钩首和钩尾作龙首或虎首形，钩体饰卷云纹。第四种为嵌玉带钩，即在金银质带钩中嵌入玉玦、玉鸟等玉饰。第一种带钩流行于整个春秋、战国时期，后三种战国时期才出现，一般造型新颖，制作精良，既实用又美观，为贵族所拥有。

**鸭首玉带钩** 春秋晚期玉质用具，河南省固始县侯古堆1号墓出土，现藏河南省文物考古研究所。

长2.1、宽1.7、厚1.3厘米。玉质羊脂白色，半透明，温润光洁，器表残留朱砂痕迹。钩头呈鸭首状，一端琢有扁方孔与纽部相通，表面雕刻蟠虺纹和云纹。此带钩可能用作挂钩，造型别致。

**鹅首玉带钩** 战国早期玉质用具，湖北省随州市擂鼓墩曾侯乙墓出土，现藏湖北省博物馆。

长6、腹宽1.5、腹厚0.9厘米。玉质青白色，半透明，温润光滑，局部沁成褐色。器呈鹅首形，长颈扁嘴。颈腹正面雕刻云纹，两侧、背面及纽面阴刻方格纹和圆圈网纹。曾侯乙墓共出土玉带钩七件，都呈粗短肥厚的琵琶形，钩身富于变化，是战国时期带钩的典型样式。

**鸭首包金嵌玉银带钩** 战国中期玉质用具，河南省辉县固围村5号墓出土，现藏中国国家博物馆。

长18.7、宽4.9厘米。带钩呈琵琶形，银托，器表包金组成浮雕兽面，口含鸭头形白玉弯钩。脊背上镶嵌三块白玉玦，其中前后两块玉玦中各嵌入一枚蜻蜓眼玻璃珠。这件玉带钩包金嵌玉，用料和谐，琢工精细，造型设计独具匠心，工艺繁杂，是战国时期手工艺技术的集大成之作。

**龙首玉带钩** 战国晚期玉质用具，河南省淮阳县平粮台16号墓出土，现藏河南博物院。

长5.7、厚2.2厘米。玉质白色，半透明，温润光泽，局部沁成褐色。钩首做成龙头形，钩身呈长方体，钩纽扁方。

## 玉质用具·鞢

　　玉鞢也叫扳指，是射箭时勾弓拉弦用的，西周至战国时期非常流行。王公贵族还以佩戴精美玉料制成的玉鞢为荣，显示其地位和身份。玉鞢作椭圆形，中有一孔可以戴入成年人的拇指，侧面突出的小钩用来勾弓弦，后壁上的小孔可以穿绳而挂在身上，防止丢失。

**玉鞢**　战国早期玉质用具，湖北省随州市擂鼓墩曾侯乙墓出土，现藏湖北省博物馆。
高1.1、长4.3、宽3.4厘米。玉质青白色，半透明，温润光泽，素面无纹。

## 玉质用具·梳

　　梳子的发展大概经历了四个阶段。第一阶段，从史前时代到春秋末期，流行长方形梳子，以竖长形为主，齿数较少。第二阶段，从战国早期到唐代末期，流行箕形梳子。由于制作技术的提高，齿数逐渐有所增加。第三阶段，从五代到明代初期，流行半月形梳子。第四阶段，从明代中叶开始，流行长条形梳子。

**卷云纹玉梳**　战国早期玉质用具，湖北省随州市擂鼓墩曾侯乙墓出土，现藏湖北省博物馆。
长9.6、上宽6、下宽6.5、中厚0.4厘米。玉质青白色，半透明，通体抛光，滋润光泽。扁平体，梯形。梳齿分布密集，共有二十三枚，齿尖锐利。梳背外缘雕刻斜线纹，中间对称分布卷云纹，梳背顶端中部有一钻孔。此梳玉质纯净，加工精致，是战国时期最精美的玉梳。

## 玉质用具·其他

分为两类：一类是玉镇、玉勾、玉博具等实用器；另一类为嵌玉石铜器或金器，如玉首铜刀、金柄玉环、镶玉铜架等。

**铁匕首玉柄** 春秋晚期玉质用具，河南省淅川县下寺10号墓出土，现藏河南博物院。

长10、厚0.5厘米。玉质青白色，半透明，温润光泽，靠近銎孔部分已经沁成褐色。玉柄扁平体，加工成"工"字形。外缘雕刻对称的扉棱，表面碾琢隐起蟠虺纹和云纹。此玉柄一端有一銎孔，可以嵌插匕首，由于埋藏日久，铁器腐蚀严重，现在只残存一小段。

**卷云纹金柄玉环** 战国晚期玉质用具，河南省淮阳县平粮台16号墓出土，现藏河南省文物考古研究所。

长径3.5、短径2.7、孔长径2.1、短径1.2、厚0.4厘米。玉质白色，半透明，有光泽，有褐色沁斑。扁平体，椭圆形。内外缘有阴刻轮廓，两面碾琢双阴线卷云纹、网格纹。金柄剖面呈长方形，向外延伸的一端残留有铜削痕迹。据此可知此玉环应是铜削的金柄玉质环首。

**镶玉鎏金铜镜架** 战国晚期玉质用具，河南省淮阳县平粮台16号墓出土，现藏河南省文物考古研究所。

长6.2、宽3厘米。梯形，顶端做成兽首形，镶嵌两枚绿色料珠为兽眼，镜架主体镶嵌梯形玉片。玉片玉质为白色，半透明，温润光泽，外缘有一周阴刻轮廓线，表面碾琢卷云纹。青铜镜架两侧鎏金，已经腐蚀。镜架顶端的兽首向上张口，正好衔住圆形铜镜的下缘。此镜架是目前我国发现最早的铜镜附属物，也是汉晋时期镜台的雏形。此器出土时叠压在铜镜之下，推测两者配套使用。

## 玉质容器·樽

目前所见玉制容器均属战国时期，尚未见到春秋时期的玉容器。战国玉容器有耳杯、樽等，主要用作酒具，用料考究，制作精良，装饰华丽，出土于地位和身份很高的墓葬中，应为东周王室或诸侯王的专用玉器皿。

**龙凤勾连谷纹玉樽** 战国玉质容器，河南省洛阳市金村东周王室墓出土，现藏美国华盛顿弗利尔美术馆。

通高9.5、直径11厘米。玉质黄褐色。器由器身和器盖组成。盖顶面呈弧圆状，中央有一半圆环形纽，纽周围阴刻四个对称柿蒂纹，盖面上阴刻一周卷云纹。盖边缘雕刻三个立体凤鸟和三只爬行的蟠龙，镶嵌一周金饰。器身表面满饰勾连谷纹，中间以一周弦纹分为上下两栏。器身中部对称雕出一环和一穿接着活环的桥形纽。器底有三兽蹄形足。此玉樽工艺精湛，是战国玉器佳作。

# 纹　饰

**云雷纹**　春秋早期玉器装饰纹样，是一种线条方折的纹饰，以阴刻手法制成。单体云雷纹呈〝S〞纹，在装饰上，每三个雷纹构成一组图案，构图对称，纹饰显得较细密。这种纹饰是春秋早期特有的一种纹饰，具有断代的意义。它显然是受当时青铜器上所盛行的云雷纹的影响而出现的，但装饰在玉器上则显得较呆板，缺乏生气，到春秋晚期和战国时它便演变成了最富变化的勾连纹。

**谷纹**　春秋、战国玉器装饰纹样，又称谷粒纹，是以剔地浅浮雕的方法，在玉器表面雕琢出许多凸起的弧形圆点，这些圆粒排列有序，经抛光后闪闪发亮，十分悦目。谷纹是战国时期最流行的纹饰之一，由于谷纹制作难度较大，所以它装饰的玉器往往比较精致，观赏价值很高。

**蝌蚪纹**　春秋、战国玉器装饰纹样，是由谷粒纹派生出来的一种纹饰，就是在谷粒边缘上琢出一道弧线，形似蝌蚪的尾巴，所以称〝蝌蚪纹〞。所琢刻的〝尾巴〞，方向并不固定，似乎是玉工随意雕刻出来的，但装饰效果较好，它常饰于玉龙上，增强了龙的动感。

**卧蚕纹** 春秋、战国装饰纹样，由谷纹派生出的一种纹饰，以剔地浅浮雕的方法，在谷粒边缘上琢出一条弧线，形似卧蚕，故称"卧蚕纹"。卧蚕纹的谷粒和弧线大小比例匀称，一般分布在云纹和蟠虺纹之间，似为玉工随意所为，但是装饰效果很好。卧蚕纹流行于春秋晚期的玉器上，战国中期以后逐渐消失。

**云纹** 春秋、战国玉器装饰纹样，状如云头形，以阴刻或浅浮雕方法雕出，每组云纹是由两个单体相对的谷纹或涡纹尾部相连构成。这种纹饰既有玉工有意刻成的，也有随意刻成的。前者往往排列整齐，后者则常与谷纹、涡纹相杂，显得富丽美观。云纹是春秋战国时期常见的一种纹饰，由它派生出的有一种变体云纹，纹道长而细，富有飘逸感。

**勾连纹** 春秋、战国玉器装饰纹样，源于雷纹和云纹，以阴刻手法制成，由单体雷纹或云纹相互勾连而成，不过雷纹的线条已由方折变成圆弧。最早的勾连纹玉器见于春秋中晚期，勾连纹线条为双勾线，弯转流畅，时代特征明显。战国时期的勾连纹看上去似乎集中了雷纹、云纹和涡纹的特点，显得整齐平稳。除了这两种最基本的构图外，派生出的图案也很多，颇具特色的是勾连云纹。

**勾连云纹** 春秋、战国玉器装饰纹样，是将几组云纹对称地勾连在一起，到战国晚期和西汉早期，有的器物上则出现通体十分规整和细密的勾连云纹，非常华丽。

**蟠虺纹** 春秋、战国玉器装饰纹样，是由弯转流畅的双勾阴线组成一组组侧面龙首纹，龙眼为单阴线圆圈。纹饰细密而规整，生动美观。流行于春秋时期，常装饰于玉璧、玉环上。

**蟠龙纹** 战国玉器装饰纹样，是战国至汉代常见的纹饰，常以高浮雕或透雕琢出，作盘曲蜿蜒或攀援匍匐状，装饰于玉璧、剑饰和玉印等器物上。古人将蟠龙作为天空中游弋的神兽，因此在塑造蟠龙形象时，往往衬以流云纹。

**涡纹** 战国玉器装饰纹样，是以阴刻手法雕刻出的水漩涡形纹饰，形似"蝌蚪纹"。这种纹饰最早见于西周时期，但数量很少。春秋时期，涡纹的尾端拖得较长，形似弯钩。战国时期，涡纹成为千篇一律的漩涡状。由于

涡纹雕刻简单，又能达到谷纹美观的效果，所以它在战国时被大量采用。

**兽面纹** 春秋、战国玉器装饰纹样，又称饕餮纹，用阴刻或浮雕手法琢出一只狰狞凶猛的兽首，常装饰于各种小型玉饰、玉璧、玉剑饰之一的玉璏及玉铺首上。兽面纹出现在玉器上最早是春秋时期，在战国至汉代很盛行，基本特征与春秋时大致相同，只是眼睛有的作圆形，牙齿有的为一排整齐门牙等。

# 秦汉魏晋南北朝玉器

目前考古发掘的秦代玉器，主要在陕西、湖南、河南、河北等地。可明确为礼仪用玉的有西安北郊联志村出土的玉璧、琮、圭、璋、璜、琥等，为成套的"六器"礼仪用玉，因大多玉器素面无孔，故此可能为祭祀之玉。另外还有山东烟台芝罘原阳主庙后殿前侧出土的两组青玉器，有玉璧、觽、圭共八件，每组一璧、一圭、两觽。据考证，此为秦始皇登芝罘时，在此封禅，并用牲牢圭币祭祀遗留下来的器物。此外山东荣城还出土有秦始皇祭祀用玉璧一件，玉圭二件。秦代装饰用玉出土并不太多，目前所见精品亦少，主要有玉璜、剑饰、龙佩、环、带钩、鸟等。

两汉是目前发现玉器最多的时代，考古出土的汉代玉器，主要分布于陕西、河南、河北、山东、江苏、安徽、湖南、广东、北京等地，精品多集中于诸侯王墓中。汉代帝陵因还没有大规模的考古发掘，面目还不清楚，但这不排除目前所见玉器中有一部分原为帝后所用，如出于汉元帝渭陵附近的附属礼制建——"长寿宫"遗址中的辟邪、仙人奔马、熊等，可能原为宫中陈设。还有出土于长陵附近的"皇后之玺"，推测可能为吕后用玺。

汉诸侯王墓目前发现有大大小小上百座，出土玉器数量约有数千件，可分为礼仪、丧葬、装饰、陈设用玉及玉质容器几个大类。两汉时期，祭祀礼仪用玉已不像商周那样发达，器形也少见，主要有璧、圭、戈、钺等。文献中对用璧、圭祭祀的记载较多，但目前出土可明确的祭祀礼仪用玉较少，山东荣城曾发现汉武帝时祭日的礼仪用璧一件、玉圭二件、玉璜一件。汉代最为发达的礼仪用玉为丧葬用玉，商周时的玉覆面至此已接近尾声，代之以成套的玉衣与九窍玉塞制度，玉衣分金缕、银缕、铜缕、丝缕等形式，完全依照人形制作，加之玉塞的使用，将尸体完全置于玉的包裹中，借此希望肉体能如玉一样万古长存。丧葬用玉还有漆棺镶玉、璧、握、枕等。滇国西汉墓葬还出土有"珠褥玉柙"（即盖在尸体上的尸帘）。西汉早期玉握较为多样，有以璧改制的半月形器和镂空玉觿等，中期以后玉握逐渐集中为猪形。玉含由多变的形式向蝉形玉含的定式转变。两汉最为丰富多彩的玉器是装饰用玉，此期装饰用玉不仅品类繁多，而且工艺精湛，其种类主要有：玉璧、环、璜、龙佩、凤佩、觿、带钩、簪、剑饰、镙形佩、舞人佩、组佩、珠、管等。陈设用玉多为各种玉兽，主要有玉熊、豹、马、猪、鹰、辟邪、仙人奔马等，另外还有各式玉人，均圆雕制作，造型生动逼真，是汉玉艺术性的集中体现。玉质器皿主要有玉高足杯、耳杯、角形杯、卮、盒、壶、砚滴等，其大量出现不仅显示了汉代制玉工艺的进步和玉料来源的充足，而且预示着玉器的发展已逐渐从神圣化走向日常生活，为唐宋以后玉器的世俗化奠定了基础。汉代还出现了许多新的器形，如寄托人们辟邪压胜思想的刚卯、严卯、司南佩等。玉印也是此期较为盛行的器物，但从出土玉印看，似乎并不严格按照文献记载的用印制度，僭越现象十分普遍，诸侯王墓中或低等级墓葬中出现高等级、规格用印是常有的事，玉质私印也较为多见。

　　两汉玉器是纹饰与造型艺术最为丰富的时代，有着前所未有的想像力和创造力，很多纹饰与造型被后世仿效至今，如螭纹、龙纹、凤纹、熊纹、虎纹、貘纹、鸟纹等不仅有着结实的肌肉、矫健的身躯，而且其身体的扭曲、游动感是后世玉雕所无法比拟的，尤其是龙纹、螭纹的刻画，张力十足，充满无限的生机与活力。另外，汉代出现许多体形较大的玉器，如大的玉璧、佩饰、器皿等。

魏晋南北朝时期由于朝代频繁更迭、战事不断、政治分裂、经济发展缓慢等因素，玉器制作从两汉的高峰跌落下来，出现了数量少、品种少、工艺简单的低潮现象。此期玉器种类减少，祭祀礼仪用玉几乎不见，丧葬用玉也因曹魏以来，朝廷明令禁止厚葬而大为减少，主要有猪、蝉等，甚至还用非"真玉"来代替，如滑石、绿松石、青金石等。装饰用玉主要有云形佩、蝠形佩、鸡心佩、带钩、剑饰、簪、带板等，最为精致者是北周若干云墓所出的蹀躞玉带，以后隋唐所出的玉带，其形制、结构均与此带相同，可见玉带的形制在北周时已趋于成熟。陈设用玉及日用器皿也较为少见，并向简约化发展。主要有玉兽、羊、杯、卮、樽、盏等，玉兽多与六朝的大型石刻造型相似，玉质器皿最为精致者为湖南安乡刘弘墓所出的卮、樽，其风格延续了汉代玉器的造型纹饰特征。

此期纹饰明显简约，素面玉器增多，虽也有龙纹、螭纹、云纹、谷纹等纹饰，但已不似两汉时生动有力，高浮雕器物减少，多平面片状素面器，玉器抛光亦较为粗糙。

# 器　形

## 礼仪用玉·圭

目前发现的秦汉六朝礼仪用玉中，玉圭相对较多。其形制基本一样，以青玉制作，均尖首、折肩、平底、素面，多无孔，西汉中期有在下部穿一孔者。秦代玉圭除西安联志村的以外，在山

东烟台芝罘原阳主庙后殿前秦代祭祀坑中也出土
有两组玉器，其中有圭，放于璧孔中央，可见玉
圭是祭祀时必用之器，西汉以后玉圭发现较少。

**玉圭** 西汉中期礼仪用玉，河北省满城县陵山1号墓出土，现
藏河北省文物保护中心。
长18.6、宽7、厚1.35、孔径0.35厘米。玉质青色，有黑
点，表面有灰白色沁。素面，上端尖锐，下端平直，近底部
有一小圆孔。同墓共出二件，另一件稍长，均为祭祀礼仪
用玉。

## 礼仪用玉·璋

此期玉璋发现较少，亦无纹饰。璋用于祭祀
南方之神，为天子巡守、祭祀山川和诸侯娉女等
所用。

**玉璋** 秦代礼仪用玉，陕西省西安市北郊联志村祭玉坑出
土，现藏西安市文物保护考古所。
长21.3、宽6.6、厚2.3厘米。玉质青色。器素面无纹，为半
圭之器形，顶端为斜边，呈锐角。

## 礼仪用玉·璧、琮、觽

此期出土玉璧极多，但多为丧葬用玉及装
饰用玉，可明确为礼仪用玉者仅西安联志村秦代
祭祀坑、山东烟台芝罘秦代祭坑出土的两组玉器
中的玉璧及山东荣城秦代祭坑出土的玉璧。烟台
玉璧上饰有阴刻隐起的涡纹，联志村者则素面无
纹。琮在此期亦发现极少。觽于两汉多有出土，
但多为装饰用玉，作为礼仪用玉的只能确定山东
芝罘和西安联志村两处出土的玉器。

**玉璧、玉琮、玉觽** 秦代礼仪用玉，陕西省西安市北郊联志
村祭玉坑出土，现藏西安市文物保护考古所。
共4件，玉璧直径4.2厘米；琮长5.2、宽4.7厘米；觽长11、

宽1厘米。玉质均青色，素面。璧、琮中央钻一小孔，觿于头部有一孔。琮已为象征性玉器，仅呈一正方形扁片。觿扁平弧形，一端尖一端平，觿寓意解结之意，大多作装饰用玉，在此为礼仪用玉。

**玉琮** 六朝礼仪用玉，江苏省南京市幕府山1号墓出土，现藏南京博物院。

长6.55、宽6.8、孔径5.7厘米，玉质青色，有黑褐色沁斑。琮体光素无纹，短射，此可能为前朝遗物。

## 礼仪用玉·璜、琥

作为《周礼》六器中的玉璜、玉琥之器，一为祭祀北方之神，一为祭祀西方之神。除秦代西安联志村所发现的外，玉璜虽在两汉时期出土较多，但多为装饰用玉及丧葬用玉，少有专做祭祀礼仪之器的。

**兽面纹玉璜** 秦代礼仪用玉，陕西省西安市北郊联志村祭玉坑出土，现藏西安市文物保护考古所。

长11.5、宽2.5厘米。玉质青色。器扁平弧形，两端刻阴线兽首并以阴刻线勾出轮廓，兽首有獠牙，菱形眼，两面纹饰相同。此器无钻孔，无法系挂，当为礼仪用玉无疑。

**玉琥** 秦代礼仪用玉，陕西省西安市北郊联志村祭玉坑出土，现藏西安市文物保护考古所。

2件，均长11.5、宽4厘米。玉质青色。器扁平片状，以阴刻线简单勾出虎的眼睛、身体。玉琥礼西方，位于西方的秦即奉祀白虎。

## 礼仪用玉·戈、钺

此期玉礼仪兵器发现较少，目前所见集中于西汉。除永城僖山汉墓及徐州狮子山汉墓所出玉戈外，山东曲阜九龙山鲁王墓还出土一直内戈，其一面刻满纹饰，内上有两穿孔，可绑缚固定于戈柲上。其他还有两处玉戈、玉钺已纯属礼仪象征之器，并且玉戈的造型趋于装饰艺术化。

**龙纹玉戈** 西汉礼仪用玉，江苏省徐州市狮子山楚王墓出土，现藏徐州博物馆。

长17.2、宽11.2、厚0.7厘米。玉质青白色，局部有黄色土沁及白色水沁。为宽援胡双刺式阔内戈，胡上三半月形穿，内上一穿。援、胡刃部出廓透雕一身带飞翼的行龙，龙张口，斧形下颚。援、胡之上饰勾连云纹，内上一面饰翻腾虬曲的螭龙，另一面饰勾喙振翅的凤鸟。此器雕工精致，构思新颖，为集礼仪与装饰用途于一身的汉玉精品。

**玉钺** 西汉礼仪用玉，河南省永城县芒山镇僖山汉墓出土，现藏河南博物院。

残高9、宽9.1、銎长5、宽2厘米。玉质青色。器为半圆形刃，上有崩口。銎部长方形，两面阴刻卷云纹，銎孔为长条形。

## 装饰用玉·璧

秦代玉璧目前发现较少，先秦时以璧为礼仪祭祀用玉的制度延续至今，且文献多有记载。汉代璧、圭组合祭祀用玉还时有发现，但可明确者较少，目前考古发现之璧几乎均用于装饰及丧葬。汉代装饰用璧出土较多，器形、纹饰也变化多端，除常见的谷纹、涡纹、蒲纹玉璧以外，还有透雕玉璧，如广州南越王墓的透雕龙凤纹玉璧及北京大葆台透雕鸡心纹玉璧等，此类玉璧一般形体较小，做装饰佩挂用。另外还有体形较大的夔龙纹系列分区玉璧，这类玉璧大多为丧葬用玉，也有少数体形较大、做工精致者原为墓主生前所用、死后随葬的玉璧。另外还出现较多的出廓璧，有内出廓、外出廓及璧内外均出廓三种形式，出廓纹饰多为龙纹、螭虎纹、凤纹等。东汉时还大量流行吉语璧，常见有"宜子孙"、"益寿"、"长乐"等语。总之，玉璧发展到汉代，在造型、纹饰、工艺上均达到了玉璧历史上的最高峰。

**谷纹玉璧** 西汉中期装饰用玉，河北省满城县陵山1号墓出土，现藏河北省文物保护中心。

通长29.9、璧径13.4、孔径4.2、厚0.6厘米。玉质青色，表面有水沁。璧身满饰谷纹，内外边缘棱斜起。璧上出廓饰对称的双龙卷云纹，龙昂首挺胸，脑后鬣毛呈绞丝状上卷，龙首上方为流畅的卷云纹，顶部有一小圆孔。龙身姿矫健有力，为汉玉中的精品之作。

**龙凤纹玉璧** 西汉装饰用玉，广东省广州市象岗南越王墓出土，现藏西汉南越王博物馆。

直径10.6、孔径5.2、厚0.5厘米。玉质青白色，表面有水沁，局部较重。分两环，一游龙置身于内环中，其前爪与后腿伸入外环，一凤在外环之内，站于龙前爪上，回眸与龙对视，凤首高冠与凤尾延伸成卷云状。龙的绞丝形尾卷曲于外环内。龙张口露齿，身体扭曲，充分展示出肌肉的遒劲有力。这种充满动感的张力是汉以后玉雕龙所没有的，整个纹饰细部以水滴纹、双"S"纹装饰，构图极具艺术性。

**乳钉纹玉璧** 东汉装饰用玉，河北省定县（今定州市）43号墓出土，现藏定州市博物馆。

通长30、璧径24.4、厚1.1厘米。玉质青色，细腻温润。璧内外缘为素面宽带，中间减地雕乳钉纹。璧外出廓透雕，两侧各出两小螭，上端雕两龙衔环，两龙一正面、一侧面，身体各自扭曲，并不对称，环上装饰勾连云纹。此璧工艺精湛，是汉玉中的精品之作。

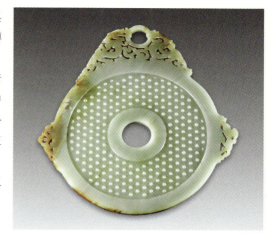

## 装饰用玉·环

　　此期玉环数量较多，造型、纹饰亦多样，除常见的谷纹、涡纹、绞丝纹及素面玉环外，还有勾连云纹、绞绳纹玉环，另外还出现透雕龙纹、螭纹、龙凤纹及带有貘纹的玉环。另一类就是衔尾龙纹所组成的玉环，有单独一龙，也有龙凤合体者，后者为一小凤站于大龙身上，造型新颖，纹饰流畅。这些环有单独佩饰，也有组玉佩之一者，是此期佩饰件的大宗。

**绞丝纹玉环** 西汉装饰用玉，江苏省仪征市张集庙山村赵庄西汉墓出土，现藏仪征市博物馆。

直径5.1、孔径2.6、厚0.2厘米。玉质白色，有沁斑。环两面雕琢细密的斜向绞丝纹，绞丝线及底均抛光，边缘略薄。此种器形战国、西汉常见。

**龙兽纹玉环** 西汉装饰用玉,安徽省巢湖市放王岗西汉墓出土,现藏巢湖市博物馆。直径9.94、孔径5.7、厚0.4厘米。玉质白色细腻。环两面浅浮雕各式龙纹和神兽纹。龙纹有的昂首、张口、露齿,有的衔前面的龙尾,有的穿云翻腾,有的团身前视,神态各异。另有一兽,侧身直立,张牙舞爪。内外环缘斜磨出棱。此环纹饰构思独特,工艺精湛,充分显示了汉代玉雕的创造力,是不可多得之精品。

## 装饰用玉·璜

璜在此期祭祀礼仪的功能已大大减少,目前所见可明确祭祀礼仪用璜者极少,璜的功能已转向装饰用玉。用作装饰之璜多钻有孔,有一孔、两孔、三孔者,可系佩,大多是组玉佩的组成部分,南越王墓玉舞人身前就阴刻一璜和一璧的连缀佩饰,也有单体佩饰。纹饰也趋于复杂,除素面玉璜外,双龙首玉璜较为常见,还有透雕出廓玉璜,形式多样,但基本不脱半弧形璜形。总体来说,汉代玉璜形制多样,魏晋以后,玉璜形佩逐渐减少,纹饰亦趋于简约。

**谷纹玉璜** 西汉装饰用玉,江苏省徐州市狮子山楚王墓出土,现藏南京博物院。长19.3厘米。玉质青白色温润,局部有褐色沁。器两面饰谷纹,谷纹上有阴刻线勾勒的轮廓,边出宽脊,中心钻一单面孔,工艺精致。

**龙首纹玉璜** 西汉装饰用玉，河北省定县（今定州市）40号墓出土，现藏河北省文物研究所。长10.8厘米。玉质青白色，局部有沁，已断裂。器透雕成双龙合体璜，龙纹以阴刻线装饰，中部出廓为长卷云纹，龙眼角出须上勾，是西汉常见龙眼形状，龙身饰几何勾连云纹。

## 装饰用玉·觿（冲牙）

　　目前所见秦代玉觿，如山东烟台芝罘与西安联志村所出玉觿，均无穿孔，为祭祀礼仪用玉。汉代玉觿，多有穿孔，已成为装饰之玉，可用于组玉佩中（亦称冲牙），亦可作单体佩饰。西汉玉觿较多，造型多变，有龙首、兽首、凤首等，也有复杂的出廓玉觿，东汉以后玉觿逐渐减少。

**螭纹玉觿** 东汉装饰用玉，河北省定县（今定州市）43号墓出土，现藏定州市博物馆。长10.1、宽2.8、厚0.3厘米。玉质白色，表面受沁为黄褐色。一端透雕一螭虎回首卷尾，钻一孔，以阴刻线勾勒纹饰，觿尾圆钝光滑。

**凤形玉觿** 汉代装饰用玉，陕西省西安市西郊三桥镇汉墓出土，现藏西安市文物保护考古所。2件，均长10、宽3.2厘米。玉质白色。觿首透雕成凤首。凤勾喙，圆眼出梢，尾部尖状，身饰一阴刻线中脊，旁饰"二"字纹，为汉代常见之纹饰，其他部分均以阴刻线勾勒，造型简练流畅。

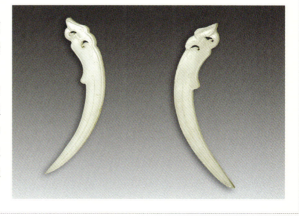

### 装饰用玉·龙形佩

　　龙形玉佩是此期较为流行的装饰佩玉，其继承了战国玉龙佩的"S"形体态，在用料上较为讲究，所用白玉较多，雕工也更为精湛，饰谷纹者多见。徐州狮子山出土有多件玉龙佩，玉质优良，致密度高，极少沁斑，是西汉玉龙佩的代表之作。东汉以后，龙形玉佩边缘较为圆滑，不似西汉龙佩有锋利的棱角弯钩，造型上也多为静态之龙。

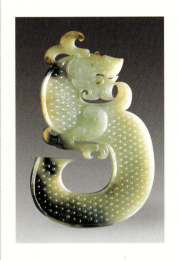

**谷纹龙形玉佩**　西汉装饰用玉，江苏省徐州市狮子山楚王墓出土，现藏徐州博物馆。

长17.5、宽10.2、厚0.6厘米。玉质白色，局部有黑褐色沁斑，有玻璃光泽。器作单体"S"形龙造型，以阴线、浮雕、局部透雕技法刻划龙首细部，颈部有绞丝纹。龙体饰谷纹，以阴线勾谷纹轮廓，龙尾上卷平削，内外边缘斜向出棱。

**勾连涡纹龙形玉佩**　西汉装饰用玉，广东省广州市象岗南越王墓出土，现藏西汉南越王博物馆。

长10.2、宽6、厚0.4厘米。玉质青色，严重受沁为黄白色。为扁体椭圆形，透雕两龙张口相对，躯体上卷成拱形相连，上饰凸起勾连涡纹，左右下侧各伸一鳍。两龙间有一兽面，尖云形角，吐长舌与龙一前爪相连。所有弯勾处均十分锋利，这是汉代精工玉器的典型特征。佩边缘共钻有五个小孔，此玉应为组玉佩中最上一件。

### 装饰用玉·人形佩

　　秦代出土玉人较为少见，目前所见均为扁平片状，纹饰简单，西安联志村玉人为祭玉坑

所出，可能为祭祀用品。汉代发现的玉人，多为
舞人，舞姿基本相似，为一袖上扬过头顶，一臂
下垂或上举。翘袖折腰者多见，但雕工、玉质差
异极大，有圆雕、片雕及简刻、精工等，多为女
性形象，并且多出土于女性墓葬中。另外汉代玉
人还有翁仲、立人、坐人、俑人等多种形制，男
性、女性均有。其中安徽涡阳玉人、满城玉坐人
及故宫玉立人对研究汉代人物服饰及生活习惯均
有很大的参考价值。翁仲目前出土品较少，因将
其作为辟邪压胜之玉，后世仿品较多。

**舞人形玉佩** 西汉
装饰用玉，广东省广
州市象岗南越王墓出
土，现藏西汉南越王
博物馆。
长3.5、宽3.5、厚1
厘米。玉质青色，受
沁严重，有剥蚀。

表面还残留有丝绢痕迹，有通天孔，为佩饰件。舞
人头右侧绾螺髻，身穿右衽长袖连衫裙，袖口和下
摆刻出卷云纹花边。舞女扭腰并弯膝成跪姿，一臂上
扬，一臂下甩，姿态优美，为西汉舞人的杰出之作。
此为圆雕舞女形象，较为少见。

**人首形玉佩** 西汉装饰用玉，陕西省咸阳市渭城区周
陵乡新庄村出土，现藏咸阳博物馆。
长8.5、面宽4厘米。玉质青白色，光泽温润。以细阴
线刻画人物眉毛、眼睛及
胡须，细长眼，薄嘴唇，大
耳，鼻梁较低，有西北人风
貌，头带圆冠，冠帽上巾子
后搭自然形成一圆孔，头颈
部有断残痕迹。汉代玉人像
出土较少，目前所见考古出
土俑头唯此一件。

## 装饰用玉·剑饰

　　古代用玉装饰铜剑或铁剑，称玉具剑，一套玉具剑饰一般有剑首、剑格、剑璏、剑珌四种。以玉饰剑，目前发现最早出现于西周，三门峡上村岭虢国墓地曾出一铁剑，柄外镶绿松石及美玉。东周时有用玉装饰剑柄及剑鞘，战国已发现四种玉剑饰，但目前还没发现其出现在同一把剑上。完整玉具剑形式始于西汉，如南越王墓、满城陵山刘胜墓、巨野红土山汉墓等都出土过四件玉具剑饰齐备的铁剑。此四件分别为剑首、剑格、剑璏和剑珌。对其定名，目前学术界还有异议，如有将剑璏称剑璲、剑格称剑珥的。剑首与剑格是固定于剑身之饰，由于体形相对较小，不易把玩，传世较少。剑璏和剑珌是附于剑鞘上之物，体形相对较大，并可佩饰把玩，后世多仿，传世较多。玉具剑纹饰主要分卷云纹与螭虎纹两大类，螭虎纹一般多高浮雕，卷云纹有单独装饰，也有与兽面纹结合在一起的。西汉时玉具剑形制、纹饰较为发达，并固定下来，东汉其造型纹饰均继承西汉风格，但出土数量不多。六朝玉具剑虽有发现，但已走向衰落，南京仙鹤观东晋高悝墓曾出有一套完整的玉具剑，其他地方出土完整一套者较少。

**螭纹玉剑首**　西汉中期装饰用玉，河北省满城县陵山1号墓出土，现藏河北省文物保护中心。

直径5.7、厚1.2厘米。玉质上佳，白色温润。器中央圆形凸起，上饰四朵连续的卷云纹环绕菱形网格纹。四周高浮雕、透雕两只螭虎，大眼、独角、绞丝形尾，盘旋于剑纽之上。整器雕琢精美，为汉玉中的精品。

**凤纹玉剑格** 西汉装饰用玉，广东省广州市象岗南越王墓出土，现藏西汉南越王博物馆。

横长6.2、中宽4.1、边宽3.7、中厚2.4、边厚0.4厘米。玉质青色，已受沁为鸡骨白色，上有朱砂。中脊凸出，下部为一兽面，以中脊为鼻梁对称分布，左右两侧镂雕对称两凤。凤尖喙圆眼，羽冠。勾喙、腿关节处有如利钩，表里均打磨光洁。此玉雕工精湛，代表了汉代治玉工艺的最高水平。

**兽面纹玉剑璏** 西晋装饰用玉，江苏省南京市中华门外板桥石闸湖西晋墓出土，现藏南京市博物馆。

长10.4、宽2.1、厚1.9厘米。玉质青色，已多处受沁为白色。器表减地隐起兽面纹及对称的勾连云纹，兽面四方眼，双眉以绞丝线为饰并上扬。腹下一长方形孔，此造型玉剑璏在汉代六朝均多见。

**龙凤纹玉剑珌** 西汉装饰用玉，江苏省徐州市北洞山楚王墓出土，现藏徐州博物馆。

长6、宽4.6～5.9、厚1.3厘米。玉质白色莹润。器作略收腰梯形，通体以透雕、浅浮雕与阴刻手法雕琢盘旋虬曲姿态各异的螭龙纹和一回首凤纹，工艺精湛，是汉玉中的精品之作。

## 装饰用玉·其他

装饰类玉器是此期玉器的主流，其造型、用途亦形式各异，西汉前期尤为丰富，武帝以后总体数量有所减少。组玉佩亦有多种形态，南越王墓出土有纹饰精美的组玉佩11套，且组成之个体精工细作，大多是精彩的艺术品。中期以后，组佩减少，纹饰亦简略。六朝时组佩不仅器形简单，且多为素面，呈逐渐消亡之势。总体来说，秦代因装饰玉发现较少，还无法描绘其面貌。西汉前期是装饰玉的繁荣时期，中期以后逐渐减少，但也出现了一些造型、纹饰活泼精美之器。魏晋南北朝时，玉器制作进入了一个相对落后的时期，无论是种类、造型、纹饰均无法与汉代的辉煌相媲美。

**鸟形玉佩** 秦代装饰用玉，河北省易县燕下都高陌村秦墓出土，现藏河北省文物研究所。

长5.1、厚0.5厘米。玉质青白色。体扁平，中间略有隆起，素面，有铜绿锈，透雕作昂首、长尾竖立的图案式立鸟。鸟形玉器在目前出土秦代玉器中较为少见。

**龙凤螭熊纹玉饰** 西汉早期装饰用玉，湖南省长沙市象鼻嘴1号墓出土，现藏湖南省博物馆。

直径5.4～5.9、厚0.3厘米。玉质青色，表面已受沁为黄白色。呈扁体椭圆状，中间为一近似十边形的凸起，上阴刻水滴纹，正中镶嵌一绿松石，四周透雕龙凤螭熊等图案，相互缠绕连接，栩栩如生。

## 丧葬用玉·衣

玉衣又称"玉柙"、"玉匣"，是上层统治者专用的殓服，为丧葬玉的最高形制，由金缕、银缕、铜缕或丝缕把不同形状的玉衣片连缀而成。目前发现最早的玉衣片是战国时期的。完整的玉衣形制出现于西汉早期，按人体构造分为头、上身、胳膊、手、腿、脚等几大部分。其制作工艺复杂，并按身份等级以金、银、丝、铜等不同丝线连缀。玉衣制度到三国时期废止不用。目前全国发现的玉衣有数十件（套），除南越王墓和满城汉墓的外，徐州狮子山楚王墓、河北定县中山怀王刘修墓、徐州土山彭城王家族墓、河南永城梁王墓等均有出土，另外还有许多墓葬因被盗而只剩下零散的玉衣片，可见汉代玉衣葬制之盛。

**金缕玉衣** 西汉中期丧葬用玉，河北省满城县陵山1号墓出土，现藏河北省文物保护中心。通长1.88米，由2498片玉片组成，以金丝连缀，所用金丝共重1100克左右。玉衣和人体形

状一样，分为头套、上衣、裤筒、手套和鞋五部分，头部分脸盖和头套，脸盖上刻出眼、鼻和嘴的形状。上衣由前片、后片和左右袖筒组成，后片的下端做成人体臀部的形状。手呈握拳状，以两璜作为玉握，璜为玉璧改制，头枕镶玉铜枕。此为考古首次发现的保存完整的玉衣。

## 丧葬用玉·璧

　　以玉璧殓尸的丧葬形式最早可追溯到良渚文化时期，汉代玉殓葬习俗更为兴盛，在葬以玉衣的高级贵族身上，其胸、背往往铺垫多块玉璧，如南越王墓玉衣上面、里面、下面铺垫有玉璧十九块。中山王刘胜其前胸、后背共置玉璧十八块，王后窦绾有十五块等。另外，棺壁上也多镶嵌玉璧，这是汉人认为玉能保持尸体不朽观念的反映。汉代丧葬用璧，有为随葬而特制的，也有原为生前所用、死后陪葬的。为随葬而特制的，大多制作不精。纹饰有谷纹、蒲纹、涡纹、夔龙纹等多种，玉质多青玉。魏晋以后，随着丧葬用玉的大为减少，玉璧也少有发现。

**龙纹玉璧** 西汉丧葬用玉，安徽省天长市安乐北岗汉墓群出土，现藏天长市博物馆。直径24.5、孔径4、厚0.7厘米。玉质青色。璧两面纹饰相同。中间一绳索纹将纹饰分为两区，内区为蒲纹，外区为四组一首双身之夔龙纹，龙额上有椭圆形网格纹。龙以细阴线刻画，另有规则的深阴刻线，其线底抛光较亮，这是此类玉璧的共同特点。

## 丧葬用玉·蝉

　　丧葬用玉的重要一类就是口含，此期的口含主要为蝉形。考古发掘品及传世品均较多。主要分三类，一类为简约形，仅略具蝉的外形，或素面，或简单阴线勾画，体形较小，如南昌老福山玉蝉、扬州高邮神居山玉蝉等。一类为"汉八刀"型，"汉八刀"只是一种俗称，表明其用简单犀利的刀法勾画出蝉的外形，雕工刚劲有力，如扬州甘泉姚庄玉蝉等，较为多见。还有一类为具象型，如徐州狮子山汉墓玉蝉，圆雕和阴刻相结合，描绘出一形象逼真的蝉形，较为少见。三种玉蝉均无孔（有孔者为佩玉，如满城窦绾墓中所出玉蝉），以之为葬，借用蝉的蜕壳再生，比喻超尘脱俗的清洁高尚及生命的再生与延续，人们生时以蝉蜕自名清高，死后借之羽化成仙。

**玉蝉** 秦代丧葬用玉，陕西省西安市南郊北池头村墓葬出土，现藏西安市文物保护考古所。长4.8、宽2.5厘米。玉质白色，表面有白色水沁。蝉双眼浅浮雕凸出，眼间以阴刻锯齿纹表现头部，嘴部稍尖。背呈菱形隆起，上以阴线刻相连的圆弧线表示蝉翼，整体简洁生动。

**玉蝉**  西汉早期丧葬用玉，江苏省徐州市狮子山楚王墓出土，现藏徐州博物馆。

长4.2、宽1.8、厚0.9厘米。玉质白色温润。蝉刻画逼真，双目凸出，羽翅雕刻清晰，头颈部有一道绞丝纹，羽翅收拢成尖状，形体饱满。此种非常具象之蝉在江苏铜山苏山头西汉晚期墓葬中也有出土，较为少见。

## 丧葬用玉·猪

　　玉猪是汉代常见的丧葬用玉，多被作为玉握，成对出现。以猪形象随葬，起源很早，河姆渡文化就有猪纹陶罐。以玉猪随葬，源于西汉，盛于东汉，衰落于魏晋。西汉玉猪多具象，玉质一般，受沁严重。西汉晚期至东汉，玉猪用料多用上等青白玉，并一改具象之造型，雕工犀利，简洁抽象，俗称"汉八刀"，其头、尾、底侧面均平直，非西汉玉猪圆鼓状。猪的头部下颌和尾部多有小穿孔。六朝玉猪雕工虽又近似西汉，较为具象，但形体瘦弱，玉质欠佳，多用滑石替代，渐趋衰微。

**玉猪**  西汉中期丧葬用玉，山东省巨野县红土山汉墓出土，现藏巨野县文物管理所。

2件，均高2.6、长12、宽2厘米。玉质青色，已受沁为乳白色。以阴刻线勾出猪双眼与猪身，猪嘴、耳、蹄也刻画具象，与汉代常见的"汉八刀"

猪不同。猪在古代被当作财富的象征，故常被墓主握于手中作为玉握。

## 丧葬用玉·枕

　　汉代各诸侯王墓中多有玉枕出土，有日用器兼葬玉的功能，其可分为玉枕和镶嵌玉枕。玉枕如河北定县北庄汉墓所出，以一整块玉雕饰而成。镶嵌玉枕又可分为铜镶玉枕和漆木镶玉枕，前者如满城汉墓及徐州后楼山汉墓所出，均以铜框镶玉片，其玉片有特制的（可能原为生前所用），有改制的，如以残璧或"S"形龙改制为饰。后者如徐州狮子山汉墓所出，用特制雕花玉片镶于漆木枕上，两端各镶片形玉虎头。秦与六朝的玉枕目前还没有发现。

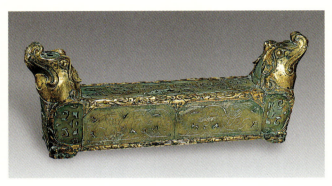

**镶玉铜枕** 西汉中期丧葬用玉，河北省满城县陵山1号墓出土，现藏河北省文物保护中心。

通高17.6、通长44.1、宽8.1厘米。枕呈长方形，两端为铜鎏金的翘首龙头，在枕面、枕底、龙首的铜框上都镶嵌透雕的玉片，玉质青色，上以阴线刻各种螭纹、几何云纹和花纹，镶嵌工艺精细，较为难得。其墓主为刘胜，其妻窦绾墓中亦出一镶玉铜枕，上镶嵌玉片为玉璧改制而成。

**几何纹玉枕** 东汉丧葬用玉，河北省定县（今定州市）北庄汉墓出土，现藏河北省文物保护中心。

高13、长34.7、宽11.8厘米。玉质青色。枕以整块玉琢制而成，长方形，枕面两端隆起，中间下凹。除下凹处外，枕面阴刻几何形云纹，线条流畅简练。如此大型玉器在汉代较为少见。

## 丧葬用玉·铺首

铺首是衔门环的底座，始于古代宫门上的犀

牛头骨，因犀牛有祥瑞之义，故用之。后多以铜制，玉质少见。汉代玉铺首多为兽面衔环状，应来源于商周青铜器上的兽面衔环耳。

**兽首衔璧玉铺首**　西汉丧葬用玉，广东省广州市象岗南越王墓出土，现藏西汉南越王博物馆。

通长18.2、兽首长11.3、宽13.8、厚0.7厘米；璧直径8.9、孔径3.4、厚0.4厘米。玉质青色，已严重受沁为鸡骨白色，上有少许朱砂。兽首近方形，左侧雕一螭虎，兽鼻做成方桥形銎孔，上琢朵云纹，銎孔中穿过一璧，上饰饱满的谷纹，璧可活动，此铺首为一完整玉琢制。兽背面光素无纹，应是嵌于器物上的装饰物。此器造型独特，出于墓主头部。

**兽面纹玉铺首**　西汉丧葬用玉，陕西省咸阳市兴平南位乡茂陵附近出土，现藏茂陵博物馆。长35.6、宽34.2、厚14.7厘米，重10.6公斤。玉质青绿色。铺首主体纹饰为双眼圆凸、长鼻露齿的兽面，兽面两侧及上方浮雕、透雕四灵纹及卷云纹。四灵为青龙、朱雀、白虎、玄武，分饰兽面两侧，兽眼以阴刻圆圈代表眼珠，卷云纹及鼻梁上阴刻花蕾纹与卷云纹，花蕾心以网格纹勾画。兽鼻梁延伸用以衔环，可惜环缺失，器背面有铆孔，孔内残存有金属物，经分析主要成分为铅。此铺首玉质与陕西玉川发现的蓝田玉接近。这件国内目前发现最大的玉质铺首，可能是茂陵陵园门上的装饰品。

## 丧葬用玉·其他

汉代丧葬用玉较为丰富，除以上所介绍外，还有玉覆面和七窍玉塞等。在发达的玉衣制度下，玉覆面已经走向尾声，其结构与以前基本相同，又称玉幎目，如徐州子房山3号墓所出，由22片玉片缀成，五官形象大体可辨；徐州后楼山汉墓所出，纯由玉片组成，结构与面容相同，但不分五官；山东长清双乳山刘宽墓所出，鼻为圆雕兼镂雕，与玉衣的脸盖鼓起的鼻形相同。与玉衣流行的同时，七窍玉塞也极为流行，鼻塞、耳塞、阴塞、肛塞多为底大上小的柱状体，配以口含和眼盖，汉人认为可以使精气不散，肉体长存，这些是道教欲求"长生不死"思想观念的反映。滇国玉器中出土的"珠襦玉柙"则反映了滇文化的丧葬习俗，并和文献记载相合。另外江苏仪征团山还出土有玉鱼，这可能是西周大量以玉鱼随葬传统的延续，只是此期较为少见。

**云雷纹玉覆面** 西汉丧葬用玉，山东省长清县双乳山济北王刘宽墓出土，现藏济南市长清区博物馆。复原长22.5、宽24.6厘米。玉质已受沁为鸡骨白色。分别由17块玉片和一鼻罩组成面部，左右对称，有耳、额、脸、腮、嘴、鼻等。最特别处为鼻罩，为整玉透雕而成，形如半锥体镂空，呈立体鼻形，上阴刻云雷纹，下部有两三角形鼻孔。各玉片内侧下棱及鼻罩边缘均有斜穿细微孔，可以相互连缀。

**七窍玉** 西汉丧葬用玉。安徽省天长市三角圩汉墓群出土，现藏天长市博物馆。

眼盖厚0.45、底径3.7厘米；鼻塞长2.1、上径0.85、底径0.95厘米；耳塞长2.1、上径0.4、底径0.7厘米；蝉长5、宽2.4厘米；珠径1.7厘米。这组玉出土时共置于墓主头部，包括眼盖、耳塞、鼻塞、口含各两件，口含为一玛瑙珠和白玉蝉，蝉头呈三角形，背起脊，头部三角形平面两边各深刻一刀。眼盖为扁圆体，耳塞、鼻塞各为底大上小的柱状体。

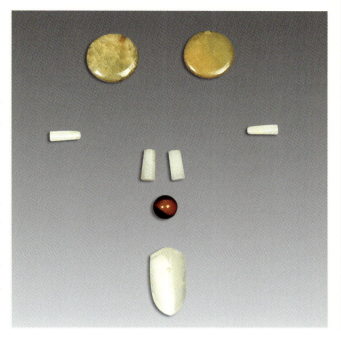

## 陈设用玉·仿生兽

西汉圆雕艺术品并不多见，但体现了汉代玉器工艺的高度发展水平。陈设用玉一般多为玉兽，其中分仿生兽和神兽两部分。仿生兽主要是现实生活中动物的表现，有豹、熊、猪、马、羊等，汉代帝王、诸侯多有饲养珍禽异兽的圈牢，内有虎豹犀象、狼熊野羊等等。楚王墓中所见的豹、熊，颈带项圈，形体硕大，应为驯服之形象。另外还有羊、马、猪、猴、鹰、燕等，均形象生动逼真，反映了玉工对动物描绘的准确把握及高超的工艺水平。

**玉马** 西汉中期陈设用玉，山东省巨野县红土山汉墓出土，现藏巨野县文物管理所。

高1.5、长3.1厘米。玉质白色，温润。马造型生动，后足残缺，应是一立马形象。此种圆雕作品较为少见。

**玉猪** 西汉陈设用玉，陕西省西安市北郊席王村汉城遗址出土，现藏西安市文物保护考古所。

高9、长26厘米。玉质青色。猪呈卧状，阴刻圆眼，吻部简单刻饰鼻孔、嘴巴，圆耳隐起，并简单勾勒身体。此器形体硕大，虽简单勾画但形神兼备，又用一整块碧玉料雕刻，极为难得。

## 陈设用玉·神兽

　　汉魏六朝玉神兽主要是辟邪及天马、怪兽等。辟邪的原型为狮子。狮子进入中国内地，最早在西汉武帝之时，《汉书·西域传》中有："一角者，或为天禄，两角者，或为辟邪。"《山海经》曰："辟邪之兽，来自海东神兽，能知人之忠佞，不直者，触而啖杀之。"一般将形似狮，身披羽翼，头出角的神兽统称为辟邪。辟邪有驱走邪秽、拔除不祥之意。西汉辟邪多匍匐状，东汉则出现昂首挺胸，朝天吼之辟邪，另还有蹲坐之辟邪。此外，西汉还出现羽人骑天马、辟邪的造型，这与当时人们的求仙观念有关，不仅给兽披上了羽翼，还给人插上了翅膀，一幅升仙得道、长生不老的画面。东汉及六朝时，神兽造型更为丰富，但纹饰开始简化，或昂首挺立，或静卧肃穆，为六朝时出现大型的石雕神兽提供了借鉴。

**玉羽人奔马** 西汉陈设用玉，陕西省咸阳市渭城区周陵乡新庄村出土，现藏咸阳博物馆。

高7、长8.9厘米，玉质洁白，为上好的和田玉籽料。器雕成仙人骑奔马状。玉人发式成束后翘，身穿羽翅状短衣，这种造型在同期铜器、漆器纹饰上常见。人双手前扶马颈，马张口露齿，鼻孔翕张，身饰羽翼作奔腾状，为一天马形象，其脚踏的平板，雕琢成云纹状。此器出于〝长寿宫〞遗址，故可能为宫中陈设。

**玉辟邪** 东汉

陈设用玉，陕西省宝鸡市北郊墓葬出土，现藏宝鸡市青铜器博物馆。高18.5、长18、宽6.7厘

米。玉质青色，中带白色条纹，似为蓝田玉。圆雕一辟邪形插座，局部已残。辟邪昂首挺胸，张口怒吼，身披飞翼，头部及身背部均有插口，尾部有一圆洞，所插之尾已佚。浑身以阴线刻画细部，有圆圈纹、流云纹、羽翼纹等。造型雄健，线条流畅。

## 陈设用玉·胜、座屏、饰板

此为这时期新出现的较为特殊的陈设用玉。玉胜反映的四灵观念是星象与神话的结合物，使四方观念更为具体化，也是远古〝万物有灵〞思想的延伸。玉座屏中的东王公、西王母的题材更表现了当时人、神、兽合一的神学思想。两者都体现了对人生命不死的追求，如玉胜上的〝长宜子孙，延寿万年〞铭刻，玉座屏上仙公、仙母的不死题材，是汉代道教思想的集中反映。天津博物馆的玉饰板，与后代镇纸较为相似，可能也作为文房用具。

**〝长宜子孙〞玉胜** 汉代陈设用玉，现藏上海博物馆。高3.2、长5.5、宽2.1厘米。玉质白色，温润细腻。透雕一玉胜状物，两格栏前分刻篆书〝长宜子孙，延寿万年〞八

字。横栏上雕朱雀，下为龟蛇
相绕之玄武，玄武下俯卧一
鱼，隔柱外分别雕一青龙，一
白虎，其为"四灵"。此为汉
代常见之题材，"四灵"也代
表了东南西北四个方位。以
"四灵"为图案，有辟邪压
胜，拔除不祥之意。

**玉座屏** 东汉陈设用玉，河北省定
县（今定州市）43号墓出土，现藏
定州市博物馆。

高16.5、长15.3厘米。玉质青色，
已受沁为黄褐色。此器以四块玉片
拼成，上下两层玉片的两端榫部插
入两侧玉支架的孔隙之中。支架为
两连璧形，圆璧内各透雕一龙，缠
绕于正中的长方形榫孔旁，上层玉
屏片正中端坐"西王母"形象，双
手抚握，双肩生翼，盘膝高坐，
下侧及周围环绕仙女、凤、鸟、麒
麟、雁、兽等。下层座屏正中雕
"东王公"形象，姿势与西王母相似，四周透雕仙女、龟
蛇、熊等形象。此器造型及人物故事繁杂，勾勒精细，是东
汉神仙道教题材故事在玉器上的反映，极为少见。

## 玉质容器·杯、盏

　　此期玉质容器较装饰用玉等其他类玉器为少，
其中玉杯较为多见。秦阿房宫出土玉杯，纹饰繁杂
华丽，体现了秦代制玉的最高水平。西汉前期，玉
杯形式多样化，出现角形杯、铜镶玉杯、高足组合
玉杯等，纹饰复杂多变，工艺精湛。以后，玉杯纹
饰及形制趋于简化，出现素面玉杯。另外玉耳杯、
直筒形杯也多素面。六朝时，还有素面玉盏，浅似
碗，是这时期出现的新器形。

**勾连涡纹玉杯** 秦代玉质容器，陕西省西安市西郊东张村秦阿房宫遗址出土，现藏西安市文物保护考古所。

高14.5、口径6.4、足径4.5厘米。玉质青色，局部受沁为褐色。直筒形，深腹微斜，杯筒纹饰分四区，从上数一、三层纹饰为浅浮雕的柿蒂纹与几何勾连纹，中部为排列整齐的勾连涡纹，最下部为一圈双阴线勾画的浅浮雕如意云纹。杯座为束腰鼓墩形，上有一圈五组以阴线勾勒的交叉"S"纹，下部素面，整体纹饰精细华丽。

**铜承盘勾连涡纹玉杯** 西汉玉质容器，广东省广州市象岗南越王墓出土，现藏西汉南越王博物馆。

通高17厘米，铜承盘高5、径23.6厘米；杯身高7.8、口径4.2、底径2、壁厚0.2厘米；杯足高3.9、上径1.8、下径3厘米。玉质青白色。玉杯的杯身和杯足分开雕琢，杯身为长筒形，平底，纹饰分三区，上下为不同的变形云纹，中部为凸起的勾连涡纹。杯足如柱墩，上端平齐，中有两小孔，与杯底孔正对，以竹钉固定相连。足身饰四朵覆莲瓣及数道弦纹。杯身下部有一玉杯托，似为六朵大小相间的莲瓣，瓣面饰卷云纹，中设大圆孔，使杯身放入。高足杯置于铜承盘之上，承盘上有三条金头银身的龙口衔杯托。全器由玉、金、银、铜、木等五种不同材料组合而成，设计新颖奇巧，构思复杂，为汉玉中的精品之作。

## 玉质容器·卮、樽

　　卮在周秦汉晋之际是广泛使用的饮食器，珍贵的卮多以玉为之，作为饮酒器。《汉书·高帝纪上》有："上奉玉卮为太上皇寿。"表明玉卮用于隆重场面或酒宴，为饮酒器，直壁圆筒形是其主要特征，腹部较深，一般多有环形錾耳或环形耳，足多为三足，有盖或无盖，玉卮身高一般在10厘米上下，口径一般8厘米左右，容量比铜卮或漆卮小。《说文》卮部中还将卮分为大卮和小卮，玉卮可能多为小卮，够一人饮。樽为温酒或盛酒器，一般比卮器形大，容量也大，两侧常有环耳。汉代玉卮较为多见，且纹饰精致，工艺复杂，造型独特，六朝玉卮继承汉代，只在细部装饰风格上稍有变化。此期玉樽较卮少见，刘弘墓玉樽内残留有墨迹，可能曾作为笔洗使用。

**朱雀踏虎衔环纹玉卮** 西汉玉质容器，安徽省巢湖市北山头西汉墓出土，现藏巢湖市博物馆。

通高13.1、卮体高9.8、口径7.91、底径7.4、壁厚0.3、足高1.2厘米。玉质白色，有黄色土沁及黑褐色沁。卮体圆筒形，环形耳，深腹，直口，三矮兽首足。卮一侧高浮雕、镂雕一朱雀踏虎衔活环，朱雀头伸出卮口沿，口衔绞丝活环，两羽翼向后舒卷，爪踏一虎，虎挺胸昂首，张口怒吼，绞丝尾向上翻卷，另侧环耳上附饰熊纹。另两侧高浮雕变形羽翅纹。卮身满饰勾连谷纹与云纹，底足亦有三角、菱形几何纹和舒展的勾连卷云纹、网格纹。整体设计巧妙新颖，纹饰繁缛，集圆雕、透雕、浮雕、阴刻于一身，代表了汉代玉雕的最高水平。

**仙人龙兽纹玉樽**　西晋玉质容器，湖南省安乡县黄山头林场刘弘墓出土，现藏安乡县文物管理所。

通高10.5、口径10.5、足高2厘米。玉质已严重受沁为鸡骨白色，有一道裂纹。器呈直筒形，直口，三熊足，熊缩首拱背蹲坐，腹部下鼓，似在用力承担起器身的重量。两侧有兽首长舌环形耳。器壁纹饰由中间凹带分为上下两组，上组有仙人、螭、虎、云、龙等纹饰，下组有仙人、龙、虎、熊等，仙人长发后飘，大鼻圆耳，身披飞翼，双手捧一歧云纹，一幅羽化升仙的情景，构图复杂，富于变化。

## 玉质用具·带饰

　　此期的玉带饰包括带钩、带扣和带銙等。玉带钩主要分两类，一类为整块玉料雕琢而成，另一类由多块玉料拼合，中间以一金属条贯穿而成。前者钩首多为龙首、鸭首等兽首，也有素面钩首，钩腹形态各异，有的饰简单阴刻纹饰，也有的纹饰集高浮雕、圆雕、透雕等为一体。一般西汉造型纹饰复杂精致，形体较大的带钩较多。东汉到魏晋带钩形体较小，造型纹饰向简约化发展。后者带钩构思巧妙，工艺复杂，制作难度也较高。河南省沁阳县官庄秦墓出土的铁芯十节带钩，以十节白玉组成，钩首为龙首，钩尾是虎头，上饰勾连云纹，钩组在中部。西汉南越王墓所出八节带钩，形体较大，造型生动。这些都是战国多节带钩的延续和发展，到西汉发展到顶端，东汉以后不见。此期玉带饰形式还有一种用于革带上的系列，出现了完整的蹀躞玉带，在汉代时有个别零部件出现，如洛阳出土的玉带扣等，六朝时形式渐趋固定，上海博物馆所藏的鲜卑头，为残件，是与带扣相对应的带头部分。北周若干云墓出土的蹀躞带，其形制源于北方少数民族，魏晋南北朝时正式传入中原。蹀躞带由玉扣、方锌、方锌附环、偏孔环、铊尾等共二十件与鞓后所衬的鎏金铜片组成。蹀躞带是古代礼仪性官服设大带的始源，开唐以后带锌带的先河。

**铜框龙纹玉带板** 西汉晚期玉质用具，江苏省扬州市邗江甘泉姜莫书墓出土，现藏扬州博物馆。

长8.6、宽3.8厘米。外框为铜鎏金的长方形，上雕四条游动的螭龙，框内镶嵌黄色玉片，透雕一龙及流云纹，以阴刻线装饰，其中一角已掉，用白玉片补缺。此种嵌玉带板，汉代较为少见。

**龙首玉带钩** 西汉玉质用具，安徽省巢湖市北山头西汉墓出土，现藏巢湖市博物馆。

长14.4、宽1.44～3.44、厚1.1厘米。玉质白色，有黄褐色沁。器体雕两龙两虎，一龙首做钩首，一龙首为钩尾，身体两侧爬伏两虎，其中一虎张口露齿，贴于钩身一侧，后腿及尾翻转于身上，一虎匍匐前行于另侧，钩身上部隐起几何回纹。方形钩纽上阴刻两字"二"、"中"。此器造型新颖，是汉玉中难得的精品。

## 玉质用具·印

《汉宫旧仪》记载：汉代"皇帝六玺，皆白玉，螭虎纽。""皇后玉玺，文与帝同。"虽然按汉代礼制只有皇帝或皇后用玺才可用螭虎纽，但目前所见中山靖王墓、南越王墓及河南永城梁王墓中玉印均用螭虎纽，诸侯王的僭越似乎是司空见惯的事，故汉代玉印螭虎纽并不少见，只是有些刻印文，有些没有，直到魏晋还有出土。另外还有虎纽、兽纽、覆斗形纽、瓦形纽、桥形纽等各种形制玉印，目前所见汉代玉印形体均不是太大，印文的风格也较为多变，出土玉印中还常见无印文之印。

**螭纽玉印**　西汉中期玉质用具，河北省满城县陵山1号墓出土，现藏河北省文物保护中心。

通高2.3、边长2.8厘米。玉质青色，已多处受沁为灰白色。印纽为扭曲回首的螭虎，其身躯肌肉厚实，矫健有力，印座起梯形台阶，四周阴刻几何勾连云纹，无印文，非实用器。

**"皇后之玺"玉印**　西汉玉质用具，陕西省咸阳市韩家湾狼家沟出土，现藏陕西历史博物馆。

通高2、宽2.8厘米。玉质白色，为和田玉雕琢而成。印面正方形，上凸雕螭虎纽，方形印座四侧阴刻勾连云纹，印文为阴刻篆体"皇后之玺"四字。因此印出土于汉高祖刘邦与吕后合葬的长陵附近，一般都认为此为吕后用玺，是迄今所知汉代帝后用玉玺仅有的一件出土物。

## 玉质用具·司南佩、刚卯、严卯

　　司南佩与刚卯、严卯是汉代出现的一种新器形。司南佩器形基本一样，因顶端置一勺形，如司南地盘上之勺，故曰司南佩。就目前考古所见司南佩，数量并不太多，均为东汉墓中所出，如安徽亳州凤凰台1号东汉墓中，除出土有一司南佩外，还有一刚卯、一严卯。扬州邗江甘泉除出土一琥珀质司南佩外，还有一白玉质司南佩。司南佩的器形基本相似，所用玉质均为白玉，且温润细腻。此佩流行，与汉代时兴卜筮之风有关，尤其新莽时期，官员升迁、离任抑或故后，都借司南测向之功，以之占卜定乾坤，雕成玉器，随身佩戴，认为其有辟邪压胜之效，故东汉开始流行。刚卯、严卯之意，亦如司南佩，只是将辟邪压胜之语刻成文字于玉上，意义更为直接而已。刚卯西汉就已流行，至新莽时，因刚卯是颂扬刘姓天下的（"刘"字拆成"卯、金、刀"），刚卯曾一度被禁，东汉时又重新恢复，并把佩戴双印（刚卯、严卯合称）定为国家定制，凡着朝服，必须佩戴。故汉代刚卯、严卯形状、大小均基本相似，此种玉佩后世多有仿制。

**玉司南佩** 东汉玉质用具，河北省定县（今定州市）43号墓出土，现藏定州市博物馆。

2件，左长3、宽2.3厘米；右长2.5、宽2厘米。玉质白色，温润细腻。均作长方连柱体，上端为勺形，两者形状略有不同。汉代司南佩所用玉材均较好，人们将其佩挂于身，有辟邪压胜之意。

**玉刚卯、玉严卯** 东汉玉质用具，安徽省亳县（今亳州市）凤凰台1号汉墓出土，现藏亳州市博物馆。

刚卯、严卯各1件。均长2.25、宽1、厚1厘米。玉质白色，器呈长方体，四面刻文字。一曰："正月，刚卯既央，灵殳四方，赤青黄白，四色是当。帝令祝融，以教夔龙。痒蠖刚瘅，莫我敢当。"一曰："疾日严卯，帝令夔化，慎尔固伏，化兹灵殳。既正既直，既觚既方，赤疫刚瘅，莫我敢当。"两者共66字。刚卯、严卯在汉代一般成双佩戴，是为"双印"。

# 纹　饰

**谷纹**　战国至汉代玉器装饰纹样，形似谷粒，饱满凸出，抚之有扎手感。制作时先以管钻钻出圆形外形，再打蒲格，再以小砣具修成谷粒形象。南越王墓曾出土未完成的玉璧，上面还保留了这种纹饰的制作工艺。所见谷纹分为两种形式：一种以阴线勾勒谷粒轮廓，一种砣成谷粒旋涡状，无阴线装饰，后一种谷粒自然饱满，制作难度更大，立体感更强。常见于玉璧、璜、管、龙佩等器上。

**涡纹**　战国至汉代玉器装饰纹样，形似谷纹，但谷粒顶端平，无扎手之感，似水涡状，故称"涡纹"。制法与谷纹相似，但起凸平缓，有时将顶面磨平，并以阴线勾勒轮廓，有时各纹饰间的阴线相连。常见于玉璧、环、璜等丧葬用玉及装饰用玉上。

**蒲纹**　战国至汉代玉器装饰纹样，系仿古人所铺席子的纹饰。以细砣碾制三组平行交叉线，将纹饰分成一个个小六边形，使中心自然拱起成六边形，顶部平，一般不凸出器表。六边形与六边形间有近似等腰的三角形。常见于玉璧、环等器物上。

**蒲格涡纹**　战国至汉代玉器装饰纹样，在蒲格的六边形蒲纹上，再以细砣阴刻一旋涡，顶部依然为平面，常见于玉璧、璜等器物上。

**螭纹** 战国至汉魏六朝玉器装饰纹样，汉代螭纹形象颇多，后世螭纹主要在汉代螭纹形式上演化而来。此期螭纹大体分两种形式：一种螭首似虎，故又称螭虎纹，此种螭纹形式也多变，但大体不脱近方形或梯形脸，平嘴，圆耳的近虎形或龙形的脸形，眼多呈圆形或方圆形，有些有细阴线刻的双眼皮，鼻形有直鼻或大蒜鼻，眉常常以阴线细刻，有单线、双线。耳有元宝形耳，有些螭耳中还有圆形的凹坑。西汉晚期至六朝，螭虎耳朵外伸并逐渐下搭，似哈八狗耳。有独角或分叉形角，尾多为绞丝尾，其肌肉厚实，身姿矫健。常见于玉具剑、出廓璧及各种佩饰上。

还有一种螭纹，尖嘴、尖耳、圆眼，似狐面，角拖曳如流云，长且飘逸，常分叉，身体如流云般弯转流畅，如凤尾。西汉早中期此种螭纹腮部较鼓，除嘴出尖外，脸形近似方脸。东汉以后至魏晋，脸部下巴成尖，无腮帮肉感，尾部更似凤尾，故有人又称其为尖嘴鸟兽纹，其实这种纹饰还是西汉尖嘴尖耳螭纹的演变。此种螭纹多出现于汉代六朝的玉质器皿上及玉佩饰上，如南越王墓玉角形杯、刘弘墓玉卮等。

**卷云纹** 秦汉魏晋玉器装饰纹样，云纹形式有多种，除几何状的勾连云纹外，还有各类卷云纹，其形式有似卷涡状的，有似如意云头形的，魏晋时还出现一种似小鸟状的云纹，均是以砣具勾出阴线云形，有隐起，有平雕。常见于剑首、器皿装饰带及佩饰上。

**乳钉纹** 汉代玉器装饰纹样，形似乳钉，排列整齐，无阴线勾勒轮廓，亦无旋涡，制作工艺亦为先管钻出圆形，再减地凸起，以砣具修饰而成。常见于玉璧上。

**勾连云纹** 汉代玉器装饰纹样，可分为多种表现形式，一种以细砣阴刻出相互勾连的云纹，一种减地隐起勾连云纹。勾连方式有三角形勾连、"T"字形勾连、云雷纹形勾连、回纹形勾连等，多为几何形勾连。常见于玉环、杯、佩饰上，有些用作填充地纹。

**勾连谷纹、涡纹** 汉代玉器装饰纹样，即将谷纹或卧蚕纹以阴线相勾连，或"T"字形勾连，或三角形勾连，呈排列整齐的几何形。常见于杯、璧、佩饰上。

**貘纹** 汉代玉器装饰纹样，为一种尖嘴、圆耳的动物，当时被人们视为神兽，传说有辟邪之功，在商周青铜器上可见，亦见于汉画像石和玉器上。此纹饰魏晋时江南还有出现，以后逐渐稀少。

**凤纹** 汉代玉器装饰纹样，一般勾喙、长冠或后飘，或上扬。眼有圆眼或出梢杏眼，制作或以细砣勾阴线，或以管钻钻出眼珠形，再进行减地隐起，使之更有立体感。身体较长，羽翅及尾部都似流云般飘逸。西汉凤鸟纹大多无细密的羽翅刻划，六朝时在玉佩上出现高冠长尾，展翅欲飞之凤鸟，身饰羽纹较为具象。此期凤鸟一般做回首或昂首前视状，常见于装饰品、器皿纹饰等。

**龙纹** 龙纹是中国玉器史上流行时间最长的纹饰之一，汉代龙纹在继承战国龙纹的基础上又有了许多新的变化。此期龙纹大体可分为两种形式：一种是侧面龙首形象，其形象也多种多样，大多为杏眼，眼出梢，有些有阴刻圆形眼珠，上眼皮成双刀，一般流行于西汉早期。龙张口露齿，或斧形下颚，或鱼嘴形下颚，上唇向上翻卷，多露出尖锐獠牙，腿部肌肉结实有力。尾部或绞丝形，或分叉成多尾，向图案化方向发展。此种龙纹常见于各种玉佩饰件上。另一种为正面龙纹形象，为一首双身之龙纹，面似兽面，圆方形眼，两角下压，双身左右卷曲，多见于各种分饰两区或三区的夔龙纹璧上。

**其他常见纹饰** 此期纹饰丰富多变，除上述以外，还有柿蒂纹、绞丝纹、绳纹、水滴纹、柳叶纹、花蕾纹、"二"字纹、圆圈纹、双"S"交叉纹、鱼鳞毛纹、短平行阴线毛纹、三爪形毛纹、网格纹等装饰器物细部的纹饰，亦有兽面纹、熊纹、鱼纹、四灵纹、猴纹等各种动物纹饰。常见于装饰用玉、动物玉雕和各种器皿的地纹装饰。

# 隋唐宋辽金元玉器

　　隋唐宋辽金元时期的玉器，可分为礼仪用玉、装饰用玉、陈设用玉、玉质容器、丧葬用玉、佛教用玉、玉质用具和仿古玉等类。

　　从隋唐时期开始，玉器的品种和艺术风格呈现出新的变化，逐渐摆脱了神秘感，向世俗化发展。虽然唐代史书仍记载有璧、琮、璜、圭等玉礼器，但在发掘出土品中极少见。目前所见这一时期玉器多为佩饰、实用器和带饰。其特点是以写实为主，浑厚自然，气韵生动。西安隋代李静训墓出土有戒指、扣、兔、盏等，器形小巧，多为实用品和玩赏物，其中金钿白玉盏和金镶白玉镯琢制精细，色泽柔润，金玉互衬，极具高雅之气。西安何家村唐代窖藏是目前发现数量最多的唐代玉器出土地，计有长杯、带铐、杵及镶金玉镯等，种类较齐全，是唐代制玉工艺的代表作。另外，传世的隋唐玉器也较多，其精品有玉飞天佩、透雕双凤佩、胡人纹带饰、云形杯、骑象人等。从出土物和传世品可以看出，隋唐时期的制玉工艺水平相当高，对于阴刻、浮雕、透雕、圆雕、抛光等雕刻技法已应用得十分熟练，所表现的对象生动自然，线条弯转流畅，纹饰主要有装饰于玉带上的龙纹、凤纹、狮纹、胡人伎乐纹；装饰于玉簪花和玉梳背上的海棠、石榴、牡丹、蝴蝶、鸳鸯、鸿雁、凤鸟纹；装饰于玉杯上的忍冬纹；装饰于嵌金玉佩上的勾连云纹。玉雕所选玉料多为洁白无瑕的羊脂玉，使作品显得富贵华丽。

宋代玉器的使用不局限于统治阶级，而且为社会各阶层所接受，并逐渐商品化。以禽兽花卉为主题，玲珑剔透工艺之器增多，写实能力较强，形神兼备，其工艺具有极高的造诣，这与当时绘画、雕塑艺术的成熟有密切的关系，许多玉器既有实用性，又有很高的艺术观赏价值。宋代出土玉器有卧鹿、璧、盒、镯、簪、钱、印、环等，传世玉器主要有佛像、兽耳云纹炉、鹿纹八角杯、花卉鸟纹佩及各种小人等，其中玉雕童子的数量较多，造型颇为生动。元代在中国玉器发展史上是承前启后的重要时期，设置了专门的机构来管理琢玉业，出现了像"渎山大玉海"这样划时代的作品。元代出土玉器有贯耳盖瓶、带、带钩、发簪、笔洗等，传世玉器有龙纽押、牧马镇、龙纹活环樽等。宋元玉器纹饰主要有装饰于玉带上的人物纹、云雁纹、龙纹、连珠纹；玉佩上的纹饰丰富复杂，植物类有折枝花、牵牛花、凌霄花、竹节、灵芝、莲花、荷叶等，动物类有孔雀、鸡、鸭、鹅、鹤、鹿、鱼、龟等，神兽类有龙、凤、独角兽、螭虎等，人物类有童子、仕女等。杭州元代鲜于枢墓中还出土有汉代玉剑璲和剑格。

辽、金是北方草原游牧民族建立的政权，其玉器作品多表现自然界的动植物，充满山野情趣。辽代玉器主要出土于内蒙古奈曼旗陈国公主墓中，有工具形玉佩和龙、凤、鱼等动物形玉佩，多穿以金链。还有玉砚、水盂等实用器和玉带板等契丹礼仪用玉。金代玉器主要出土于北京房山金代石椁墓中，有折枝花饰、折枝花锁、竹枝饰、双鹤衔草饰、孔雀形饰等，构图讲究对称，抛光洁亮，表现出很高的工艺水平。辽金玉器纹饰的主要特点是"春水"和"秋山"图案。"春水"图案为一只鸽子大小的鹘展翅攫住水草中的鹅首，欲食鹅脑。"秋山"图案为奔跑或伫立的虎、鹿，衬以山石和柞树。另外，辽代玉

中的交颈鸳鸯，金代玉器中的鳜鱼、龟游等图案
也富有特色。很多玉器纹饰并不是单一的，而是
由几种图案组合成的。

# 器　形

## 礼仪用玉·带

唐代是使用玉带最为盛行的时期，以带銙数
表示等级的高低。完整玉带是由带扣、带銙、扣眼
和铊尾组成，其中带銙的样式较多，有方形、半圆
形、圆首矩形、有孔尖拱形等，有的方銙下附玉
环，扣眼为偏心孔形。带銙背面斜穿的钉孔用于嵌
钉在革带上。唐初以十三銙为最高等级，窦皦墓出
土的玉梁珠宝蹀躞带，带銙数为十一，符合墓主的
身份。西安何家村窖藏出土十条玉带，时代为盛
唐。其中九条带銙数为十四，一条为十五，说明此
时用銙数已有改变。宋辽金元的玉带形制与唐代相
近，新出现了多种样式的带环，以镂空和高浮雕
手法展示图案。宋元时期还流行一种在带銙中间贯
横孔或在背面两侧置长方形孔以穿革带的做法。

**玉梁金筐宝钿真珠装蹀躞带**　唐代礼仪用玉，陕西省长安
县南里王村窦皦墓出土，现藏陕西省考古研究所。
复原长度约150厘米。玉带表框皆以青白玉制作，框底内嵌

金片，在金片上制出花卉图
案，并镶彩色玻璃″宝石″，
称为″金筐宝钿真珠装″。由
三件圆首矩形銙、一件圆首矩
形铊尾、八件圆形带銙、一件
圆形偏心孔环及忍冬形蹀躞带
饰、玉带扣各一件组成。玉
表框在唐代文献中称为″玉
梁″，此玉带是迄今为止发现
的唯一完整的玉梁金筐宝钿真
珠装带。

**云龙纹玉带** 五代礼仪用玉，四川省成都市五代前蜀王建墓出土，现藏四川省博物馆。

方銙长7.8、宽8、厚1厘米；铊尾长19.6、宽8.2、厚1.1厘米。玉质白色。带由七件方銙和一件圆首矩形铊尾组成。方銙和铊尾正面主体纹饰为盘龙，龙的姿态各异，有的作昂首状，有的作回首状，有的二目合拢。龙身均饰有菱形的鳞纹和四趾龙爪。背面均有象鼻穿孔。从铊尾所刻铭文可知，玉料在永平五年（915）曾经火焚，后被王建发现并命工匠制成玉带。

**雁纹玉铊尾** 宋代礼仪用玉，河北省定州市静志寺塔基地宫出土，现藏定州市博物馆。

长4.7、宽2.1、厚0.9厘米。玉质青色，有白沁。器圆首矩形，矩形一端有长1、宽0.25厘米的凹槽。正面浮雕一只展翅飞翔的大雁，翅下有两朵祥云。雁体壮硕，以阴刻线勾勒雁身和翅膀。雁喙细长，引颈作长鸣状。背面有象鼻孔。

**人物纹玉銙** 宋代礼仪用玉，江西省上饶市茶山寺赵仲湮墓出土，现藏江西省博物馆。

4件，均长5.1、宽4.6、厚0.5厘米。玉质青色，有浅褐色沁。方銙正面为无边框的池面，浮雕人物五官清秀，头结发髻，身穿交领大袖长袍，作盘足打坐状。人物姿态有双手捧盂、碗、果盘及弹奏琵琶等。背面均有象鼻孔。

**云龙纹玉带环** 宋代礼仪用玉，现藏故宫博物院。

2件，均长7.9、宽6.7、厚1.8厘米。玉质白色。圆形片状，周边饰二十颗连珠，中部镂雕云龙纹。龙眼细长，上唇尖翘，角弯至脑后，腹部有节状纹，足为四趾，左上肢有一火珠。带环两侧横贯扁孔，以供穿带，下部有扁环，可悬挂饰件。

**鹿纹玉带环** 辽代礼仪用玉，现藏故宫博物院。

长5.9、宽3.5、厚0.8厘米。玉质深青色，有杂斑。长方形片状，浮雕两只昂首的卧鹿，其中一只有角，身后有一棵小树，另一只作回首状。两鹿中间有一棵大叶柞树。整体装饰为"秋山"图案。器下有一扁圆形环，可挂饰件。背面有象鼻孔。

**"春水"图玉带环** 金代礼仪用玉，现藏故宫博物院。

长8.3、宽7.5、厚2.4厘米。玉质白色，留有玉皮的褐红色。长方形，正面镂雕鹘捉鹅的"春水"图案，鹅身肥硕，贴近水面，曲颈钻于荷叶之下，鹘俯冲向鹅头，欲啄其脑。下部有一扁环可悬佩物件。带环侧面有一横穿可贯穿束带。

**仕女纹玉带饰** 元代礼仪用玉，北京市元大都遗址出土，现藏首都博物馆。

长6.5、宽4.8厘米。玉质白色，细腻晶莹。扁片形，底纹为镂雕的网状孔洞。主体纹饰为平雕身穿交领宽袖长裙的两仕女，似正朝前行。刻单阴线眉、眼、口，琢双阴线衣裙褶纹。前者手中似捧物，后者双手合于胸前。根据仕女足下残留的边框，推断其为带饰残片。

**戏狮纹玉带板** 元代礼仪用玉，现藏故宫博物院。

长6.9、宽5、厚1.7厘米。玉质白色，表面有黄褐色玉皮。器呈长方形片状，正面略凸起，背面内凹。正面镂雕松树、柞树、一狮和一胡人。胡人身穿窄袖长袍，头戴圆形高帽，腰系宽带，一手托火珠，一手执绣球戏狮。狮子弓身回首，张牙舞爪，作滚绣球状。狮纹为元代一品官标记和专用图，是元代玉器典型纹饰。

## 礼仪用玉·组佩

组玉佩是皇室、贵族和高级官僚使用的礼玉，多见于隋唐时期，继承了魏晋以来的式样。完整的组玉佩由蝙蝠形玉珩、玉璜、梯形玉冲、水滴形玉牙和穿坠的珠、管组成，玉件多为素面。

**组玉佩** 唐代礼仪用玉，陕西省礼泉县李贞墓出土，现藏昭陵博物馆。

大蝙蝠形珩长6、宽3、厚0.2厘米；小蝙蝠形珩长2.4、宽1.3、厚0.2厘米；云纹梯形佩长6.4、宽2.8、厚0.2厘米；璜长2.1、宽0.7、厚0.2厘米；坠长1.5厘米。汉白石质。扁平片状，光素无纹。此套组佩以石代玉，为随葬的明器，应为墓主生前所用玉组佩的式样。

## 礼仪用玉·剑饰

仅见于隋代王士良墓出土的玉剑首，似为魏晋遗风。

**玉剑首** 隋代礼仪用玉，陕西省咸阳市底张湾王士良墓出土，现藏陕西省考古研究所。长7.6、前端宽7.4、后端宽7.9、边厚0.4、中脊厚1.5厘米。玉质青色，表面附有铁锈黄色。平面似铲形，光素无纹，中脊厚，两边薄，前端正中钻一圆孔，孔内残留铁榫，应为铁剑柄的后端。

## 礼仪用玉·仪仗用具

玉骨朵是某种身份地位的标志，为契丹贵族游猎出行时的仪仗用具。

**玉骨朵** 辽代礼仪用玉。内蒙古自治区敖汉旗萨力巴乡水泉村辽墓出土，现藏敖汉旗博物馆。
高8.8、长8.4、宽8.4厘米。玉质白色。呈扁球状，表面磨出菱形棱面，中间贯穿五角形孔，内嵌木柄，顶端加铜帽钉。骨朵为辽代帝王、官吏或衙役随身携带的武器，还用作杖击类刑具、卤簿仪仗类器具以及作为某种身份地位的标志。玉质骨朵应为契丹贵族游猎出行时的仪仗用具。

## 礼仪用玉·哀册

哀册是以韵文形式颂扬帝王生前功德的一种册文，册简为扁平长条形，上面镌刻册文，有的笔道内填金。目前所见出土的玉哀册有唐代史思明墓、惠昭太子李宁墓，五代前蜀王建墓和南唐李昪墓。宋代哀册仅见于文献记载，未见实物。

**玉哀册** 唐代礼仪用玉，北京市丰台区王佐乡史思明墓出土，现藏北京市文物研究所。
共出土44枚，多已残断，仅8枚完整，此选4枚。长28.4～28.6、宽2.8～3.2厘米。汉白玉质。哀册形制规整，上下两端1.5厘米处均有直径3毫米的小孔，以便彼此连缀。每枚玉册均有阴刻行书体文字，笔道内填金，为悼念赞颂的文辞。其中七枚玉册背面浅刻有"哀"字。

## 装饰用玉·佩饰

佩饰是指佩戴或悬坠于人体颈下胸部、手腕、腰间等部位的玉件，种类和数量很多。一般形体不大，正面为浮雕或镂雕的纹饰，有动植物、人物、神兽、几何形等造型，雕琢精美，有很好的装饰效果，背面光素无纹，有穿孔供佩系。还有一种嵌玉，即在圆雕的动物形玉器上有竖向的穿孔，亦称天地孔，似乎是穿杆嵌插于某种器物之上，当然，也可系绳佩戴，如唐代西林塔地宫的青玉六牙象、宋代的白玉卧鹿形佩等。

**鸟衔花形玉佩** 唐代装饰用玉，现藏故宫博物院。
长7.6、宽3.8、厚0.8厘米。玉质青色，局部有褐色沁斑。扁平体，镂雕一只绶带鸟和折枝花叶，以阴线刻画细部。绶带鸟口衔花叶，双翼展开，作飞翔状，翅膀边缘呈锯齿状，中间阴刻羽毛。

**孔雀形玉佩** 唐代装饰用玉，现藏故宫博物院。长5.5、宽4.5、厚0.8厘米。玉质青白色，局部有浅褐色沁斑。扁平体，透雕一孔雀，昂首挺胸，尖嘴圆眼，长尾后竖，作展翅飞翔状。尾作如意状云朵，外圈有花边纹，顶尖部有一小圆孔。孔雀形象在玉器上出现最早见于唐代。

**鹦鹉形玉佩** 唐代装饰用玉，现藏故宫博物院。高4.4、长7.8、宽2厘米。玉质白色。鹦鹉圆眼短喙，口部有横穿孔，短翅长尾，身下饰长尾云纹。器底有一对穿孔，可用于缀饰。鹦鹉是唐代流行的装饰纹样。

**马形玉佩** 唐代装饰用玉，现藏故宫博物院。高4、长6.8、宽3厘米。玉料经火烧通体呈黑色。马伏卧，四肢收于腹下，以浅浮雕和阴线刻出眼、口、鼻、耳及鬃，尾根处透雕一横穿孔。唐代玉马较前代造型趋于温顺，体态肥硕。

**人鹿纹玉佩** 唐代装饰用玉，江苏省无锡市扬名乡出土，现藏无锡市博物馆。

长7.6、宽4.4、厚1.1厘米。玉质青白色，有白色和褐色沁。器呈椭圆形，正面中间浮雕一老者，右手搭扶于鹿背，左手指鹿，似有所言语，左边侍立一童子。底部刻缠枝花，沿边缘盘旋而上至顶部。背面为正面图案的背后形象。

**龙纹玉佩** 宋代装饰用玉，现藏故宫博物院。

长9.4、宽7.1、厚0.4厘米。玉质白色。作海棠式片状，镂雕云龙纹，两面纹饰相同。龙上唇厚且翘，头上有独角，张口吐舌，毛发后披，龙身饰鳞纹，腾跃于云朵之中，上部有一穿孔。此龙形象为典型的宋代玉龙造型。

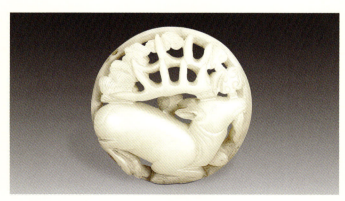

**松鹿纹玉佩** 宋代装饰用玉，现藏故宫博物院。

直径6.8厘米。玉质白色。正面镂雕松鹿纹，鹿纹居前，布满画面，松饰于后，呈平而凸起形。装饰图案具有宋代绘画风格。

**鹤衔灵芝纹玉佩** 宋代装饰用玉，现藏故宫博物院。长8.9、宽4.6、厚0.7厘米。玉质青白色，局部有浅褐色沁斑。对称镂雕双鹤立于花丛上，双喙相对，共衔一环，作展翅飞舞状。鹤翅羽毛皆以细密的阴线刻画。鹤腿下端有盘绕的卷云纹。双鹤嘴间的圆环，应为佩系之用。

**鳜鱼形玉佩** 宋代装饰用玉，现藏故宫博物院。长20.6、宽11.3、厚6.7厘米。玉质黑色，有黄白色杂斑。扁平长方体，鳜鱼体形肥硕，宽大的背鳍与尾鳍相连，口衔莲枝，枝上有花苞和荷叶。以细密阴刻线表示鱼鳞和尾鳍。

**竹枝蟠龙纹玉佩** 宋代装饰用玉，现藏故宫博物院。长7、宽3.3、厚1厘米。玉质白色，留有褐色玉皮。扁片状，镂雕一条龙穿行于竹丛间，龙体细长，无鳞。龙上吻前伸上翘，圆眼长眉，头后长发飘逸。龙的前腿粗壮，足似拳，五爪。竹枝上有竹叶数片，叶尖朝上，龙尾上端雕数朵灵芝式浮云。

**童子形玉佩** 宋代装饰用玉，现藏中国文物信息咨询中心。高6.1、宽5.5厘米。玉质青白色。雕两童子，一童子右手屈臂上举莲梗垂向左侧，另一童子左手持莲，右臂上举握住莲梗置于肩后。此器发式及发丝细密的刻画均为宋代典型的玉器工艺风格。

**蕃人形玉佩** 宋代装饰用玉，现藏故宫博物院。

长4.5、宽1.5厘米。玉质白色。蕃人深目高鼻，眼睛凸出，阔嘴，八字胡，下巴前凸，双耳戴环，卷发，身着条纹衣，双手搭于胸前，赤足，从头顶至脚跟有一贯孔。

**人形玉佩** 宋代装饰用玉，陕西省西安市北郊徐家寨出土，现藏西安市文物保护考古所。

长3.4、宽2、厚0.6厘米。玉
质青色，表面沁呈白色。扁平
体，正面浮雕一人，戴冠，
弯月形眉，细眼，直鼻小口。
身穿交领宽袖长袍，腰系带，
手置于胸前，宽袖飘于腹前，
双腿盘坐。服饰具有宋代的特
征。背后平直，原可能是镶嵌
在器物上的装饰件。

**鹿形玉佩**　宋代装饰用玉，北京市海淀区北京师范大学清代
黑舍里氏墓出土，现藏首都博物馆。

高6.5、长10.6、厚约2.2厘米。玉质青色，温润无瑕。鹿作
跪卧状，昂首前视，双耳贴于角下。角为灵芝状，称作"珍
珠盘"，角根部琢两排小圆点，上部琢一排小圆点，并以短
阴线表示茸毛。四肢收于腹下，短尾紧贴右侧。背面光素，
上下各有三对贯通的天地孔，可作嵌插或佩饰之用。卧鹿图
案是宋代玉雕的重要题材之一。

**独角兽形玉佩**　宋代装饰用玉，上海市松江区西林塔地宫出
土，现藏上海市文物管理委员会。

高7、宽3厘米。玉质青色，局部有白沁。独角兽昂首挺胸，
作蹲坐状。圆眼微凸，上有粗短眉，圆凸鼻，张口露齿，口
衔灵芝。头后浓发飘逸，肩部有双翼，尾向上卷起。其左前
肢直立，右前肢弯曲，后肢为伏卧状。兽体下刻卷云纹。由
头部至底座通穿天地孔，腿部有横孔。独角兽身上毛发的细
刻作风是宋代线条的特色。

**松下仙女纹玉佩** 宋代装饰用玉，现藏故宫博物院。

长9.6、宽7.8、厚1.5厘米。玉质青白色，局部有黄褐色沁斑。椭圆扁平体，正面镂雕茂密的松树下立一身穿宽袖长裙的仙女，旁立两侍女，分别手持灯笼、托盘，盘中盛满仙桃，侍女旁立一仙鹤。人物脚下均有卷云纹，表示天宫仙境的景象。背面无纹，有琢刻的痕迹，周边有孔，可做穿系、嵌饰之用。

**"福禄寿"图玉佩** 宋代装饰用玉，陕西省西安市交通大学出土，现藏西安市文物保护考古所。

长6.2、宽5.4、厚0.7厘米。玉质白色，有褐色沁。扁平卵形，正面镂雕山石、松、竹和灵芝，一只乌龟在山石间爬行，口吐仙气蒸腾为朵朵祥云，一只行走的鹿回首仰望天空中飞翔的仙鹤。背面光素，底部有两个透孔供穿系佩戴。主体图案有"鹤鹿同春"、"龟鹤延年"之寓意。

**螭纹玉璧** 宋代装饰用玉，上海市松江区西林塔地宫出土，现藏上海市文物管理委员会。

直径7.1厘米。玉质青色。璧内外有边廓线，璧面浅浮雕双螭。双螭造型一致，作游走衔尾状。螭的面部近似三角形，鬃发披肩，双耳耸起，眉外端上竖，内端下弯连直鼻，管钻两只圆眼。背有阴刻脊线，四肢粗壮。另一面光素平整。边沿立面钻一方孔通至光素的璧面，可作佩挂。

**鱼龙形玉佩** 辽代装饰用玉，现藏故宫博物院。

长6.9、宽3厘米。玉质青白色，局部有黄色沁斑。呈扁长方形，镂雕龙首飞鱼身，称为"鱼龙"。鱼龙口衔一颗宝珠，身两侧生双翼，作展翅飞翔状。鱼尾鳍分叉上翘。以阴刻线装饰翅和尾鳍。鱼龙的形象流行于辽金时期。

**动物形组玉佩** 辽代装饰用玉，内蒙古自治区奈曼旗陈国公主墓出土，现藏内蒙古自治区文物考古研究所。

通长15厘米。玉质白色。由一件璧形玉饰以鎏金银链垂挂五件玉坠组成。璧形玉饰正面阴刻十二生肖形象。玉坠有蛇、猴、蝎、蟾蜍、蜥蜴五种动物形象，代表"五毒"，具有辟邪之功能。

**羊距骨形玉佩** 辽金装饰用玉，现藏中国文物信息咨询中心。

长3.4、宽2.2厘米。玉质白色。形似羊距骨，腰部有一穿孔。此器是东北地区常见的儿童玩具，反映了北方少数民族的生活习俗。

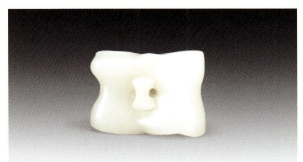

**绶带鸟衔花形玉佩** 金代装饰用玉，黑龙江省哈尔滨市香坊金墓出土，现藏黑龙江省博物馆。

长7、宽3.8、厚0.5～0.7厘米。玉质黄色。平雕一只展翅飞翔的绶带鸟，口衔折枝花，头顶长冠向后飘逸，长尾端部分叉。以阴刻线显示羽毛。

**童子形玉佩** 金代装饰用玉，黑龙江省绥滨市中兴金墓出土，现藏黑龙江省博物馆。

高5.1、宽1.8厘米。玉质青色。玉人作立雕形，似儿童，头戴纱帽，身着短衣长裤，左手执蕉叶背于肩上，右手下垂，颈下佩项链，两腿交叉，作行走状。

**荷叶鳜鱼纹玉佩** 金代装饰用玉，陕西省西安市范家寨出土，现藏西安市文物保护考古所。

长3.7、宽2.7、厚1.6厘米。玉质表面已沁成土褐色。略呈扁方形，在外卷的荷叶上浮雕一条鳜鱼，口衔水草，管钻圆目，阴刻鱼鳞和尾鳍。荷叶呈拱形，正反面叶脉以细阴线琢刻。

**天鹅形玉佩** 金代装饰用玉，现藏故宫博物院。

长8.7、宽5.3厘米。玉质白色，略带褐色玉皮。天鹅作衔芦飞翔状。圆眼细颈，头抬起，双翅展开，琢刻四排羽状纹，背、尾部亦刻羽纹，双爪并排屈于腹部。此天鹅与"春水"题材中的天鹅形象相同。

"春水"图玉佩 金代装饰用玉，现藏故宫博物院。
长5.9、宽3.9、厚1厘米。玉质白色。天鹅体态肥硕，曲颈向上，张口展翅，作挣扎状。一只展翅的飞鹘双爪紧攫鹅头，嘴啄鹅脑，鹘腿系飘带。以阴刻线饰鸟身、羽翼。背面有多处钻痕。此器为典型的女真族"春水玉"纹饰图案。

"秋山"图玉佩 金代装饰用玉，黑龙江省绥化市奥里米古城金墓出土，现藏黑龙江省博物馆。
底边长3.9、宽3.5厘米。玉质白色。扁平体，作三角形。两侧边框各饰一树，树梢于上角交接。树下透雕两只站立的鹿，前雌后雄。雄鹿长角弓背，双目前视，雌鹿回眸凝望。双鹿头顶有一只飞翔的大雁。

凌霄花形玉佩 元代装饰用玉，北京市海淀区北京师范大学清代黑舍里氏墓出土，现藏首都博物馆。
长12.8、宽7.4厘米。玉质白色，温润如凝脂。扁平体，正面透雕交叉盘绕的四朵盛开的凌霄花，花口翻卷，两侧为盘结的花梗。背面平素，上下各有三对穿通的小孔。

**螭龙穿花纹玉佩**  元代装饰用玉，陕西省西安市东郊田家湾村出土，现藏西安市文物保护考古所。

长径7.6、宽径6.1、厚1.3厘米。玉质白色，有褐色沁。环圈上镂雕繁茂的串枝花叶，花枝纵横交错，由内向外斜出，其间有两枝盛开的花朵。花丛中穿行一条螭龙，头部略圆，圆目大鼻，双耳直竖，鬃发飘拂，四肢匍匐，身体卷曲。肩部和关节处饰卷云纹。背面中部镂空，螭龙的腰部与环圈之间有一扁长透孔。

**凤穿花纹玉璧**  元代装饰用玉，现藏故宫博物院。

直径9.3、厚0.6厘米。玉质青白色，局部有黄色沁斑。正面镂雕在花丛中展翅飞翔的凤鸟，口衔花枝，凤冠向后飘逸，以镂雕缠枝牡丹为衬底，构图丰满。背面平素，内外缘各饰弦纹一周。此器应为嵌饰。

**螭纹玉牌饰**  元代装饰用玉，陕西省西安市东郊何家村出土，现藏西安市文物保护考古所。

2件，均直径4.1、厚0.4厘米。玉质青色，有土沁痕。两件纹饰相同，正面浮雕一条螭虎，头部略方，凸鼻长眼，双耳后抿，颈部底凹，长尾卷曲，体躯侧转，盘旋爬行。背部一道较深的阴线刻出背脊。背面不平整，有浅圆凹痕，近边缘处有对应的两个斜向镂雕弧形穿孔，可供镶嵌。

**婴戏纹玉佩** 元代装饰用玉，陕西省西安市北郊六村堡出土，现藏西安市文物保护考古所。

高5.8、宽3.5厘米。玉质青色，有土沁白斑。器略呈三棱体，雕正在嬉戏的两童子，圆脸，额上留发，身着宽袖圆领长褂，以阴线刻画头发及衣服上的褶纹。一童子半跪于地，双手紧握莲茎，头扭向身体左侧，另一童子骑跨于其背部，左手扶着身下童子的额头，右手揪住莲茎。荷叶上有多处穿孔。

# 装饰用玉·发饰

　　发饰指头部装饰玉件，包括发冠、梳背、发钗、发簪、簪花等。玉质发冠自唐代始见，为七梁发冠，宋代时还有莲瓣形发冠。梳背和玉簪花是唐至五代时贵妇人使用的发饰，图案精美，特别是玉簪花磨制极薄，刻纹精细。发钗一般作双股形，唯金代发钗钗股相连处弯曲，颇具特色。

**玉钗** 隋代装饰用玉，陕西省西安市李静训墓出土，现藏中国国家博物馆。

长8.1、顶端宽1.8厘米。玉质白色。钗为双股，股端相连，顶端宽于下端，截面为圆形，下端渐收为尖状。此类样式的发钗最早见于隋代。

**玉钗** 唐代装饰用玉，陕西省西安市电缆厂唐墓出土，现藏西安市文物保护考古所。

2件，上长6.7、宽1.7厘米；下长7.6、宽1.7厘米。玉质白色。两件形状相同，为双股钗。顶端相连为拱形，股扁圆，由上至下渐细，前端近锥形。

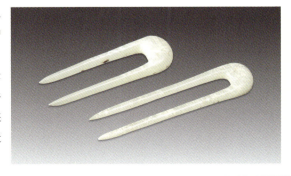

**玉簪** 唐代装饰用玉，陕西省西安市东郊韦美美墓出土，现藏陕西省考古研究所。

长11.4、直径0.5厘米。玉质白色。圆柱体，首端有花蕾状纽，纽茎下有一圆穿，其旁有一浅孔，另一端较细，整体抛磨光滑。

**花鸟纹玉簪花** 唐代装饰用玉，现藏故宫博物院。

长11、宽4.8、厚0.3厘米。玉质青白色，局部有沁斑。由两部分组成，一部分为金制钗插，已残缺；另一部分为玉饰钗头，也称玉簪花。簪花透雕，两面纹饰相同，均为阴刻的丹凤朝阳纹，下部的牡丹花茎上钻两孔。玉簪花是唐、五代时期贵族妇女"玉步摇"上的饰件。

**莲花纹玉梳** 唐代装饰用玉，现藏故宫博物院。

长8.15、宽3.45、厚0.1厘米。玉质青色，背面受沁。半圆形片状，梳背呈弧形，两条弧线间透雕莲花叶纹，下面有长短梳齿四十根。此为妇女头饰。

**荷花纹玉梳背** 唐代装饰用玉，浙江省临安市明堂山水邱氏墓出土，现藏临安市文物馆。

长14.5、宽5.7、厚0.15厘米。玉质白色，有褐色沁。呈半月形，一面刻三朵盛开的荷花，花的两侧刻一对相向而立的鸳鸯。另一面刻三朵含苞待放的荷花，两侧各刻一尾鱼化龙。底部有长条形榫，可镶嵌梳齿。

## 丧葬用玉

　　丧葬用玉是专用于送葬的玉器，除在唐代尚
存有竹节形和猪形玉握外，已不流行以玉送葬的
习俗了。

**玉猪**　唐代丧葬用玉，广东省韶关市
张九龄墓出土，现藏广东省博物馆。
长5厘米。玉质青白色。猪作伏卧
状。以阴线琢刻猪耳、眼、足和尾。

## 陈设用玉

　　陈设用玉主要以观赏为
主，器物多为圆雕。有动物、
人物、神兽、山形等，形象较
为写实。唐代史思明墓出土的
山形摆件是最早的一件山子
玉雕。

**玉人**　唐代陈设用玉，现藏故宫博物
院。
高4.6、宽2.1、厚0.8厘米。玉质青
色，有黑色片状沁。立人双目平视，
头发向上拢于头顶，戴一方巾。穿交
领长袍，腰系革带，合袖于腹前，双
手隐于长袖之后，领口及袖口饰阴刻
的短斜线纹。

**戏狮玉胡人**　唐代陈设用玉，现藏
故宫博物院。
高5.7、宽2.2厘米。玉质青白色。圆
雕一头戴橄榄式帽的胡人与一侧卧
的小狮。胡人作手舞足蹈状，与狮
戏耍。

**玉人骑象** 唐代陈设用玉,现藏故宫博物院。

高5.5、长7.3厘米。玉质青白色,局部有黄色沁斑。器体长方形,雕刻出一头跪式象,象背上有一人,身着窄袖束腰长袍,足登长筒马靴,双腿盘坐于象背。左手放在膝上,右手抬举于脑后。

**玉卧鹿** 唐代陈设用玉,现藏故宫博物院。

高2.8、长4.4、宽1.8厘米。玉质青色,局部有皮色。鹿昂首,闭口,目视前方,四肢卷曲于腹下。其身下平直以示地面,身旁有灵芝一株。俏色雕出珍珠盘式双角和尾后灵芝。背中部至腹部有一圆孔,可系佩,亦可为小型陈设或镇纸、笔架。

**莲托玉龙** 元代陈设用玉,现藏故宫博物院。

高12.6、底径6.4厘米。玉质暗青色。龙双角,粗长眉,圆眼凸起,唇部上翘,张口露齿,身饰火焰纹,挺胸翘尾。一前爪踏火珠,一前爪踏莲台,后肢屈蹲于莲台上。莲台为圆形,束腰,饰四层莲瓣纹,底为荷叶纹。底中心有两圆孔,似为嵌插孔。

**玉独角兽** 元代陈设用玉，陕西省西安市未央区六村堡出土，现藏西安市文物保护考古所。高4.8、长4、厚1.5厘米。玉质白色。独角兽呈匍行状，昂首挺胸，张口露齿，突目大鼻，垂须贴胸，双耳后抿，角端部上卷，胁后双翼舒展，大尾下垂。

## 玉质容器

　　玉质容器分饮食器皿、妆盒、文房水具和大型贮器等。饮食器皿为杯和碗，无盖，器口作圆形、葵口形、圆角长方形、多边形等。唐代还有一种专仿金银器的玉质器皿，如唐代何家村窖藏白玉忍冬纹八曲长杯、玛瑙长杯、水晶八曲长杯等，皆是中西文化交流的产物。妆盒是妇女专用盛放脂粉的器皿，带盖，可开启。形体小巧，装饰精美，如西安唐宫城遗址鸳鸯花卉玉盒、辽陈国公主墓鱼形玉盒、乌古伦窝伦墓花卉纹圆盒等。文房水具是洗笔的盛水器皿，较浅，如元代钱裕墓青玉桃形洗。大型贮器是专用来贮藏酒类的容器，如元代的渎山大玉海。

**云纹玉杯** 唐代玉质容器，现藏故宫博物院。
高5.7、宽19.9厘米。玉质青白色，局部有黄褐色沁斑。通体浅浮雕卷云纹，杯口椭圆形，平底，杯内光素无纹。杯把手浅浮雕镂空云朵状纹饰。

**海棠花形玉杯** 唐代玉质容器，现藏故宫博物院。
高4.3、长17.6、宽12.2厘米。玉质青色，有瑕斑和褐色沁。杯口为海棠花形，扁腹，腹内有凸起的两道棱线，将其分为三瓣瓜棱形，口沿一侧为一扁片形柄，柄中部有一孔。

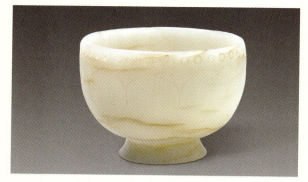

**莲花纹玉杯** 唐代玉质容器，现藏故宫博物院。

高6.5、口径7.9、足径4.45厘米。玉质白色，有横向裂纹和褐色沁斑。圆口，口外沿阴刻连珠纹，腹部隐起双层莲花瓣。底有外撇的圈足，足底中心稍向内凹。

**鸳鸯花卉纹玉盒** 唐代玉质容器，陕西省西安市唐宫城遗址出土，现藏西安市文物保护考古所。高1.4、长4.5、宽3.5厘米。玉质青色，侵蚀成灰褐色。方形委角，子母口，盒内抛光。盒盖盒身均剔地雕出花卉和枝叶，顶端凸出部分各镂雕一对嬉戏的鸳鸯，并作为盒的把手。盒盖盒身下端侧面中部嵌金环纽，以便开启玉盒。

**龙柄玉杯** 宋代玉质容器，现藏故宫博物院。

高7.3、口径14、足径7厘米。玉质白色，有黄色沁斑。杯口、足作花形，龙柄，鼓腹。口沿饰弦纹、斜线纹和云纹，腹部花瓣式六开光，开光内浅浮雕姿态各异的夔龙纹。

**玉碗** 宋代玉质容器，安徽省休宁县朱晞颜墓出土，现藏安徽省博物馆。

高5.8、口径10.2厘米。玉质青灰色，局部有淡黄色沁斑。口沿外撇，深腹，底有圈足。通体光素无纹。

**鹿纹玉洗** 宋代玉质容器，现藏故宫博物院。

高6.4、口径10.7～14.5厘米。玉质白色，有深褐色旧色，局部经火烧有黑褐色沁斑。体呈椭圆形，内底部凸雕十一朵如意头式云纹。碗外沿刻山水纹，腹部浅浮雕形态各异的鹿，口衔灵芝草，行走于云海之间。

**凤纹玉盒** 宋代玉质容器，河北省定州市静志寺塔基地宫出土，现藏定州市博物馆。

高1.6、长5.2厘米。玉质白色。椭圆形，盒盖上浅浮雕双凤，展翅衔一大花篮，盒下侧面微向内凹。盒底面阴刻"千秋万岁"。

**莲苞形玉瓶** 宋代玉质容器，浙江省衢州市史绳祖墓出土，现藏衢州市博物馆。

通高6.3厘米。玉质青色。器为莲苞形，由盖和瓶组成。瓶体内空，表面饰鱼鳞纹，平底，底饰菊瓣纹。盖呈蘑菇状，刻菊瓣纹，下有榫柄，可插入瓶口。瓶口两侧及盖面各钻两孔，可穿线提挂。出土时瓶内有红色粉末。

**竹节纹玉盒** 辽代玉质容器，辽宁省阜新市塔营子出土，现藏辽宁省博物馆。

高17、直径4.4厘米。玉质白色。作竹节式圆筒形盒。盒共六节，最上节为盖，下五节为盒身，两侧有贯耳，以金链穿系。金链下端各镶一蓝玻璃茄形坠，并包叶状金片。

**蟠螭灵芝纹耳玉杯**
元代玉质容器，现藏
故宫博物院。

高4.6、口径9.6、
底径5.6厘米。玉质
青色，大部分有腻子
沁。杯体和底足作
十方形，口沿下饰凸
弦纹，杯体光素。半
圆形夔式耳，下部有
尾，外翘。杯耳上部纹饰为蟠螭纹和灵芝纹。

**葵花形玉杯** 元代玉
质容器，现藏故宫博
物院。

高5.1、口径8.5厘
米。玉质白色，经火
烧局部焦黑。杯为六
瓣葵花式，内壁琢秋
葵纹，底部凸起五瓣
花芯。外壁饰葵花
瓣，花瓣上饰细阴
线。一侧镂雕缠绕枝
叶为柄，杯底有葵叶
状足。

**桃形玉洗** 元代玉质
容器，江苏省无锡市
钱裕墓出土，现藏无
锡市博物馆。

长11、宽6厘米。玉
质青色。玉洗为半桃
形，杯柄为镂雕的桃
枝、桃叶，枝叶蔓延
至玉洗底部，起到平
稳的作用。

**渎山大玉海** 元代玉质容器，现藏北京市北海公园管理处。高62、直径150、周长493厘米。重3500公斤。玉质墨色，杂以白瑕。呈椭圆形，外壁浮雕海龙、海马、海鹿等海兽，出没于波涛、江崖之中，内壁琢磨圆滑。因玉石产于渎山，故名渎山大玉海，俗称玉瓮。清乾隆时期于内壁上刻乾隆颂玉瓮诗三首及序文。

## 玉质用具

　　玉质用具是指日常生活中的玉质器物，种类多样，时代特征明显。唐、宋时期有用于进食的玉匙、驱除杂味的狮形香熏、文房用具中的兔纽镇纸和笔山等，而唐代大明宫遗址出土的玉鹰和曲池遗址出土的玉龙首，以及宋代的青玉龙首饰，可能是皇家出行工具上的构件。辽代陈国公主墓的玉臂鞲和玉柄银刺鹅锥则体现了草原民族游牧渔猎的生活习俗。元代富有特色的玉用具是各式带钩、炉顶和玉押。

**玉匙** 唐代玉质用具，陕西省礼泉县唐李福墓出土，现藏昭陵博物馆。

匙长6.2、宽3.3、柄残长6.5厘米。玉质白色。匙面略呈椭圆形，前端略尖，柄部分为两段，前粗后细，中间有分界。通体抛磨，光素无纹。

**狮形汉白石香熏** 唐代玉质用具，陕西省西安市西郊三印厂唐墓出土，现藏西安市文物保护考古所。

通高12.8、狮高9、底座上口直径4.8、下底直径7厘米。汉白石质。狮作蹲姿，张口露齿，从口中至腹下有一透孔。熏体呈平底深腹敛口盒状，正面亦钻一孔。整体抛磨光滑。

**龙凤纹兔纽汉白玉镇** 唐代玉质用具，陕西省西安市唐兴庆宫遗址出土，现藏西安碑林博物馆。

通高7.5、通长13厘米。汉白玉质。体呈扁长方形，镇体侧面浮雕龙纹、凤纹及蔓草纹，其上雕琢一呈伏卧状的兔纽。

**海涛纹玉笔山** 宋代玉质用具，浙江省衢州市史绳祖墓出土，现藏衢州市博物馆。

高2.3、长10.5、宽1.1厘米。玉质青色。器为长方形，上部挖有三个直径1.8厘米的凹形搁笔孔。器身两侧阴刻海涛纹。

**兽纽玉印** 宋代玉质用具，浙江省衢州市史绳祖墓出土，现藏衢州市博物馆。

通高3.1、兽纽高2、底边长3.2厘米。玉质白色。兽呈伏卧状，阴刻其口、目、耳、腿和尾，腹下镂空，纵向有穿孔。

**兔形玉镇** 宋代玉质用具，浙江省衢州市史绳祖墓出土，现藏衢州市博物馆。

高3.6、长6.7、宽2.6厘米。玉质白色。兔作伏卧状，双目前视，阴刻爪、耳、须、目和尾，四足间饰毛纹。器底平直。

**莲花纹玉带钩** 元代玉质用具，江苏省无锡市钱裕墓出土，现藏无锡市博物馆。

长7.4、宽2厘米。玉质白色，有浅褐色沁。钩首为莲苞形，阴刻莲纹。钩体呈琵琶形，正面镂雕莲花及水藻纹。钩纽作桥形，并有一长方形穿孔。此器式样较为罕见。

**螭纹连环玉带环** 元代玉质用具，现藏故宫博物院。

通长12、宽5.1、厚2.1厘米。玉质青白，略有沁色，以籽料雕成。器为由一方环连接的两块方形带饰组成。方环上浮雕灵芝纹，右侧带饰中心有一孔供勾扣，四周浮雕一首尾相连的螭虎；左侧带饰浮雕一口衔灵芝的螭虎，背面有圆纽，可接束带。

**龙穿牡丹纹玉炉顶**　元代玉质用具，现藏故宫博物院。

高7.5、底径7厘米。玉质青白色，局部留有黄褐色玉皮痕迹。略作凸弧的圆柱体，通体镂雕一龙穿牡丹花纹。龙首有双角，张口露齿，游动于花丛中，牡丹花枝叶繁茂。此器为元代典型俏色作品。

**虎纽玉押**　元代玉质用具，安徽省安庆市范文虎墓出土，现藏安徽省博物馆。

通高2.7、边长3.5厘米。玉质青色，局部有黄褐色沁斑。纽为浮雕的卧虎，身下有一横孔。面上有剔地阳文画押。押是元代文书契约上签字或代替签字的符号。

## 佛教用玉

　　佛教用玉在这一时期较为盛行，分佩饰、造像、舍利和经文勒子等。佩饰为玉飞天，平雕，便于佩戴，流行于唐代和辽代。造像有菩萨、观音、佛像等，有些形体较小的观音像下面附有插榫，应是嵌插在其他器物上使用的，如唐代咸通十年玉观音像和五代雷峰塔地宫玉观音像。玉舍利见于唐代法门寺地宫玉佛指舍利，同出的还有盛放舍利的壸门座玉棺、水晶椁子和水晶枕等。

**玉佛指舍利**　唐代佛教用玉，陕西省扶风县法门寺地宫出土，现藏陕西历史博物馆。

高4.2、上端径1.4、下端径2～2.2厘米。玉质灰白色，内壁呈暗黄色。为仿灵骨而琢制的影骨，装置于由铁函套放的鎏金银棺中。

**玉棺** 唐代佛教用玉，陕西省扶风县法门寺地宫出土，现藏法门寺博物馆。

高4.8、长6.5、前档宽3.5、后档宽2.7厘米。重95克。玉质白色。形状如木棺，由盖、室、座三部分组成，棺座和棺床呈一体，棺座两侧均镂空三个壶门，前端镂空两个壶门，后端镂空一个壶门。棺体和棺床四角均钻有一孔，可插榫铆合。

**玉飞天** 唐代佛教用玉，现藏故宫博物院。

长7.1、宽3.9、厚0.7厘米。玉质青色，局部有浅黄色沁斑。扁平状，镂雕一飞天，身着长裙，肩披飘带，赤足，下托祥云，作飞舞造型。玉飞天是唐、辽代特有的玉器种类。

**玉观音像** 唐代佛教用玉，现藏杭州历史博物馆。

高4.2、宽2.3厘米。玉质灰中略带黄色。观音立于方座上，方座三面阴刻"七月十五日立"六字，头顶及两袖处有穿孔，背后有背光。背面刻有三列文字："咸通十年造观音像，合邑子廿八人，孝父母回缴众生，咸同斯福，供成正觉。"

**汉白石菩萨像** 唐代佛教用玉，陕西省西安市东关景龙池庙出土，现藏西安碑林博物馆。

高73厘米。汉白石质。菩萨头戴宝冠，高发髻，手持莲蕾，身披璎珞，肩绕飘带，臂戴钏，腕戴镯，双腿盘坐于莲花座上。

**"宣和"经文玉勒子** 宋代佛教用玉，现藏首都博物馆。

高5.8、直径1.4厘米。玉质白色。呈八角管形，中通圆孔，两端口部有凹槽。通体各面用双勾阴文刻出楷书体《般若波罗蜜多心经》16行292字，刻"皇宋宣和元年冬十月修内司玉作所虔制"款。

**玉菩萨头像** 宋代佛教用玉，浙江省杭州市见仁里出土，现藏杭州历史博物馆。

高29厘米。玉质碧色，有白色沁斑。头像用一整块玉雕成，菩萨高束发髻，饰宝相花，颈底部有卯孔，可嵌插。

**玉罗汉像** 宋代佛教用玉，上海市松江区西林塔地宫出土，现藏上海市文物管理委员会。

高9.5厘米。玉质青色，背部有褐色沁斑。罗汉头顶有螺髻，额部有圆凸和皱纹，减地浮雕双眉和眼珠。鼻梁高直，颧骨凸起，口微张，双耳大而垂，上有穿孔。身着袒右肩袈裟，佩臂钏、手镯和足钏，作合掌恭敬状。

**玉飞天** 辽代佛教用玉，内蒙古自治区翁牛特旗解放营子辽墓出土，现藏赤峰市博物馆。

长5.2厘米。玉质青白色。扁平片状，透雕，略作三角形。飞天头戴平顶帽，身着短袖衣，长腿裤，肩绕飘带，作飞翔状，身下饰飘浮的云朵。

**玉药师佛像** 元代佛教用玉，现藏浙江省杭州市灵隐寺。

高5厘米。玉质白色。药师佛结跏趺坐，左手置于腹前，右手结施与印。肉髻螺发，身着袈裟。佛坐为仰莲式，莲座中部阴刻细密的网格纹。

# 纹　饰

**胡人伎乐纹** 唐代玉器装饰纹样，以阴刻线和剔地浅浮雕表现，图案分两种，一种为胡人盘腿而坐，吹奏各种乐器或和唱；另一种为胡人舞蹈于圆毯之上。常装饰于玉带铐等带饰上。

唐代云纹

宋代云纹

**云纹** 唐宋玉器装饰纹样,以剔地浅浮雕或透雕表现。唐代云纹图案有两类,一类为多齿骨朵云,云头似"凸"字形团状,其后有一条须状云尾;另一类一条似"品"字形,其后亦带云尾。宋代云纹图案有三类,第一类带"S"形云尾,是经唐代云纹演变而来,但云头略有变化,或呈有齿的团状,或为卷向两侧的旋状;第二类为灵芝式云,整体近似腰圆形,边沿或有齿;第三类为如意形垂云,云头似如意,多个组成图案,无云尾。常装饰于玉佩饰和器皿上。

唐代鸟纹

宋代鸟纹

**鸟纹** 唐宋玉器装饰纹样,以阴刻线、剔地浅浮雕、高浮雕或透雕表现。唐代鸟的眼睛呈三角形,翅宽而短,翅尖前翘或指向身后,翅上有细长的阴刻饰线,尾则如同花叶的排列。宋代鸟纹中常见衔花绶带鸟、大雁和孔雀。绶带鸟眼为圆坑形或阴线三角形,翅则以一折翅,一伸翅最常见;大雁为细颈,昂首,展翅,翅略向背上方伸展,翅上有前后两排阴线纹表示羽;孔雀眼为阴刻小坑,尾翎仅数枝,其上多以半月形坑洞配以边沿的细阴线表示孔洞,翅上以细阴线为羽。常装饰于玉佩饰和器皿上。

**龙纹** 唐至元代玉器装饰纹样，以阴刻线、剔地浅浮雕、高浮雕或透雕表现，龙形一般头长而细窄，上颚长而尖，唇部略翘，眼形细长，有飘发，龙身似蛇身，鳞纹多呈网格状，龙身龙尾近似于蛇尾，龙爪三趾或四趾。龙的周围往往有云纹和花草纹作衬底。常装饰于玉佩饰和器皿上。

唐代龙纹

宋元龙纹

唐代凤纹

元代凤纹

**凤纹** 唐至元代玉器装饰纹样，以阴刻线、剔地浅浮雕、高浮雕或透雕表现，凤喙短钝，头上有冠羽，双翅展开，尾翎飘逸，末端分三叉，两爪贴腹。凤的周围往往有云纹和花草纹作衬底。常装饰于玉佩饰和器皿上。

元代狮纹

唐代狮纹

**狮纹** 唐代至元代玉器装饰纹样，以阴刻线和剔地浅浮雕表现，图案为姿态各异的狮子形象，常装饰于玉带銙上。

**花叶纹** 唐至元代玉器装饰纹样，以阴刻线、剔地浅浮雕、高浮雕或透雕表现。唐代花叶纹有海棠、石榴、牡丹、忍冬、卷草、荷花、野菊等，一些花瓣呈圆形而内凹，边缘饰短密的细阴刻线，花蕊呈桃状，或椭圆形饰网格纹，或为三角形饰细阴线，花叶以大尖叶为主，呈相叠的"人"字形排列，叶中心往往有锥形梗，边缘有细密的短阴线。宋元时期花草纹有荷花、牡丹、折枝花、凌霄花、团花、灵芝、竹、蔓草、百合、石榴、樱桃等，分大小两种风格，大花较厚，较少层次变化，小花雕琢精致，花叶相互叠压，分出层次，八瓣折枝花和五瓣团花的圆形瓣呈球形凹面，百合等较大的花瓣则往往向上翻凸，荷叶则有扇骨或伞股样式的叶脉，花叶较大。常装饰于玉佩饰和器皿上。

唐代花叶纹

宋代螭纹

元代螭纹

**螭纹** 宋元玉器装饰纹样，以剔地浅浮雕、高浮雕或透雕表现。宋代螭纹头部或窄长，或横宽，眼、鼻、嘴集中于头的前部，嘴部前探，耳或为前折形、圆瓶形，耳部多有螺旋形阴刻线，颈细长，脑后有角或似角的一绺长发，肩肘部或臀部有阴线旋纹。元代螭纹头颈细长，眼无神，"人"字形肩脊线两侧有"二"字形软肋，耳或为圆形，或为带有凹坑的饼状。常装饰于玉佩饰和器皿上。

**"春水"图** 辽金元代玉器装饰纹样，以透雕、浮雕和细部阴刻线表现，图案主题为天鹅、鹘或鹭鸶，衬以荷叶、荷花、水草、茨菰等，构图多为天鹅穿行于水草中，鹘啄食天鹅脑部。常装饰于玉佩饰、带饰和炉顶上。

"秋山"图 辽金元代玉
器装饰纹样，以透雕、浮
雕和细部阴刻线表现，图
案主题为虎、鹿，衬以山
石、柞树等，常装饰于玉
佩饰、带饰和炉顶上。

胡人驯狮纹 元代玉器装饰纹样，以透雕、浮雕和细部阴刻
线表现，图案主题为深目高鼻、头戴高帽、身着窄袖短袍高
靴的胡人做逗狮的动作，狮子姿态各异，底纹为植物纹或云
纹，常装饰于玉带板上。

# 明清玉器

　　明代玉器器形种类丰富，用玉范围广泛，有朝廷用玉（带板、圭、璧、佩）、文房用玉（砚、印、笔架、镇纸、炉顶）、日用器皿（碗、杯、壶）、服饰与首饰（冠饰、带钩、簪、戒指）、玩赏用玉（寿星、观音、罗汉、太白醉酒、鹿、马、辟邪）、仿古玉（觚、爵、卣、剑饰、刚卯与严卯）等。发现的玉带板除洪武四年的汪兴祖墓为十四块一副外，从宣德年始，均为二十块一副，符合文献记载的明代玉带定制。圭、组佩饰和觚、爵等仿古玉器是明代恢复儒家用玉制度和受到复古主义思潮影响的反映。花式碗和花式杯是依大朵的花卉制成碗形或杯形，其外镂空的枝叶伸展缠绕，形成柄或器足，造型生动别致，既可实用，又可陈设观赏，是明代比较多见的器形。炉顶是由元代的帽顶延续而来，在元代官服中，帽顶一般采用多重透雕工艺雕琢花鸟纹或龙凤纹，底面内凹，下有一对牛鼻式穿孔，以供缝缀。这类器形至明代，由于服饰体制改变，用作了炉顶。

　　明代玉器的纹饰题材多选用具有吉祥寓意的花卉、动物、吉祥图案和文人画，尤其是龙、凤、鹿、麒麟等瑞兽和莲花、牡丹、灵芝、松、竹、梅等花卉图案最为多见。早期继承元代的春水玉风格，构图疏朗饱满，富有生气。晚期繁华细密，趋于程式化，缺乏活力。

清代玉器的使用范围非常广泛，使用者从皇帝后宫、达官贵族至平民百姓，所用玉器从标志皇帝权力的玉玺、祭祀神灵祖先的礼器到实用的器具乃至服饰和妇女首饰均有，而且有些玉器兼有多种功用。常见的清代玉器主要有朝廷用玉（玺、册、圭、璧、磬、朝珠、扳指、翎管等）、日常生活用玉（碗、盘、碟、杯、盒、唾盂、鼻烟壶、烟嘴、痒挠、笛等）、文房用玉（镇纸、笔筒、笔管、笔架、笔洗、水丞、砚台、印泥盒等）、陈设用玉（山子、插屏、如意、簋、鼎、尊、觚、瓶、花插及圆雕的佛手、荷花、鹿、罗汉等）和佩饰用玉（香囊、带钩、衣扣、扁方、簪、耳环、戒指、手镯及各种祥瑞图案的挂坠）等。

清代玉器的纹饰取材广泛，主要可分为四种：一是具有吉祥寓意的写实性植物、动物和人物图案；二是具有吉祥寓意的抽象化的动植物和几何图案；三是具有绘画风格的山水、楼阁、人物故事图案；四是以乾隆御题诗、御制文作为装饰。

# 器　形

## 朝廷典章用玉·带

明代时，玉带已形成定制，即一条玉带由二件铊尾（鱼尾）、八块长方形銙（排方）、四块细长条形銙（辅弼）和六块桃形銙（圆桃）组成，共计二十块带銙为一套。革带前片较长，共十三銙，中央的三台由一块长方形排方和两块长条形辅弼组成，其左右各为三块圆桃，其左右各有一枚辅弼和一块铊尾；革带后片为七块排方。从出土实物看，除了江苏南京明代初期的汪兴祖墓出土的玉带为十四銙以外，其余均为二十銙，符合这种制度。玉带銙上的纹饰，早期保留了宋元多重镂雕的技法，层次过渡自然，图案饱满，刀工粗率。至晚期改为双重镂空技法，明确地区分为主纹和地纹两层，上层的主纹雕琢、抛光细致，呈显玻璃

光泽；下层的地纹多为锦纹式的繁密云纹、缠枝
花草或光素无纹，雕琢潦草，多不抛光。

**灵芝纹金镶玉带** 明代
早期朝廷典章用玉，山东
省邹县朱檀墓出土，现藏
山东省博物馆。
铊尾长7.6、宽3.2、厚1.8
厘米。玉质白色。由二十
块玉銙组成，包括二块铊
尾、二块细长条形銙、一
块"亚"字形銙、二块半
月形銙、六块条形銙和七
块大长方形銙，基本符合

明代玉带的形制规定，只是在銙的形状上略有不同。带銙上
透雕灵芝纹，纹饰分层不明显，层次过渡自然，图案饱满，
刀工粗率，留有宋元多重镂雕的遗风，为明代前期玉雕风
格。每块玉銙下由金片包镶，背面用铁丝固定于带上。此玉
带出土于藩王的墓中，等级较高。

**龙纹玉带** 明代朝廷典章
用玉，现藏故宫博物院。
铊尾长14.9、宽5.5、厚
0.9厘米；长方形銙长
8.6、宽5.6、厚0.9厘米；
条形銙长5.5、宽2.3、厚
0.9厘米；桃形銙长5.5、
宽5.2、厚0.9厘米。玉质
青色。由玉带銙和革鞓组
成，革带外包藏蓝色绸
布。共有二十块带銙，以

铜丝结缀在革带上。其中铊尾、排方和圆桃上透雕穿花龙
纹，辅弼上透雕"卍"字、双钱及花朵纹，透雕的纹饰均明
确分为主纹和地纹两层。龙头在上，身体盘曲。龙纹的特点
是龙须前探，正面猪形鼻，细身，轮形爪，此玉带为明代晚
期制品。

### 朝廷典章用玉·圭

　　明清时期的帝王大典和重要礼仪中，仍然使用玉圭。一般是沿用古代尖首圭的形式，有时还根据文献的记载加以臆测，在上面雕刻纹饰。文献记载"谷圭以聘女"。考古出土的谷纹玉圭多发现于女性墓或棺椁内，与记载相符。在出土和传世的明代玉圭中，较多见的是素面玉圭和谷纹玉圭，在北京定陵还发现了山纹玉圭和弦纹玉圭。清代的玉圭形制与明代基本相同，有的是沿用明代或以前流传下来的玉圭。

**谷纹玉圭**　明代早期朝廷典章用玉，江西省南城县洪门乡朱祐槟墓出土，现藏江西省博物馆。

长15.2、宽5.1、厚0.8厘米。玉质青灰色，似经土蚀，这种玉质是明代比较多见的玉材品种。圭上端呈较宽的尖形，底边略窄，下部的长条形边略向内倾斜，表面浅琢五竖行谷纹，即文献记载"谷圭以聘女"的谷圭。此圭上的谷纹制法较为粗糙，类似汉代的蒲纹，即以三个方向的平行线切割出六角形的凸起，这是谷纹的一种简化雕法。明代谷纹还有另外一种制法，即以管钻确定一个个圆形谷料的位置，再磨去周围的地纹。此圭造型古朴，琢工粗放，为明代玉雕特点。

**"圭瑁说"玉圭**　清代朝廷典章用玉，现藏故宫博物院。

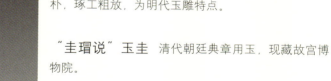

长41.2、最宽10.6、厚1.1厘米。玉质碧绿色。圭上部略宽，顶端斜削作尖状，下端较窄，两侧斜直，表面饰阴刻戗金文字和纹饰。在饰文字的一面，顶部刻等距离的三连星辰纹，底部偏上阴刻海水江崖纹，其间阴刻楷书朱珪敬书《御制圭瑁说》466字。另一面上部饰口衔飘带的蝙蝠，飘带上拴系"卍"字，底部偏上阴刻海水江崖纹，其间阴刻飞翔的蝙蝠和云朵。这件玉圭是清代根据古代文献记载制作的玉礼器。

## 朝廷典章用玉·璧

　　明清时期玉璧的形制主要是模仿古代的玉璧，以仿古谷纹璧和螭纹璧数量较多，多为一面浮雕两条或两条以上的螭纹，另一面饰谷纹或卷云纹。一般作为礼器使用的璧器形较大，还有一些作为佩饰和赏玩的璧，器体较小，相对较厚。

**螭谷纹玉璧**　明代朝廷典章用玉，现藏故宫博物院。直径20.4、孔径5.8、厚2厘米。玉质青色显旧，局部有沁色。内孔雕一龙，廓缘及璧面高浮雕八只螭纹，另一面阴刻谷纹，寓意"教子成龙"。螭头部上宽下窄，两耳外展，额头刻弧形纹，五官集中于头的下部，以管钻刻画眼睛，身体较长，四肢匍匐，较有肉感，

但缺乏骨感和力度，分叉状长尾似飘带，为明代螭纹特点。一面浮雕螭纹，另一面饰谷纹，是明清时期玉璧的形制特点。此器应为礼器。

**十二章纹玉圭璧**　清代朝廷典章用玉，现藏故宫博物院。长17.8、宽12.3厘米。玉质白色。圭璧为古代的一种玉礼器。一面圭在上，圭面浅浮雕十二章纹，即日、月、星辰、山、龙、华虫、宗彝、藻、火、粉米、黼、黻。璧面各浅浮雕一只降龙，在璧以外圭的上、下两侧各透雕一螭纹。另一面璧在上，璧无孔，中心圆形开光内浮雕一蟠龙纹，璧面琢谷纹、谷穗纹。在璧以上的圭面刻三星并列纹，在璧以下的圭面琢水波纹。

## 朝廷典章用玉·磬

　　磬为古代的礼乐器，古属八章之石类，用美石或玉雕琢而成，悬挂于架上，以物击之而鸣。另外，佛寺中状如云板的鸣器和钵形的铜乐器也叫磬。

**描金龙纹玉磬**　清代朝廷典章用玉，现藏故宫博物院。

鼓长17.5、鼓博6.1、股长12.5、股博3厘米。玉质碧绿色，表面饰描金龙纹。编磬一般以十六面为一组，它的音律除黄钟、大吕、太簇、夹钟、姑洗、仲吕、蕤宾、林钟、夷则、南吕、无射、应钟等十二正律外，又加四个半音，演奏打击时，发出不同的音响。此玉磬背部有"无射"二字，为编磬中的一件。这套清宫所藏编磬，为乾隆时所制，在重大典礼和演奏韶乐时使用。

## 朝廷典章用玉·御宝

　　又称玉宝、玉玺，是皇帝所用的玉质印章，也称御玺。明清时期的皇帝都有行使权力和具有其他功能的多方宝印，其中也有玉质的玉宝。清代玉宝的印面一般为满汉文对照。

**玉"古稀天子之宝"、"八征耄念之宝"**　清代朝廷典章用玉，现藏故宫博物院。

2件，均高11、长12.8、宽12.8厘米。玉质青白色。方形，纽为双首龙，龙身中部有横贯孔，内穿黄色丝带。"古稀天子之宝"为乾隆四十五年弘历七旬生日时雕，四面刻"古稀说"。"八征耄念之宝"为乾隆五十五年弘历八旬生日时雕，四面刻"八征耄念之宝记"。这两方玉宝造型庄重，雕工精细，同置于一紫檀木匣内。

## 朝廷典章用玉·册

　　玉册，亦作"玉策"，是以多块玉版联结而成，玉版上刻有文字，记载重要事项，是古代册书的一种。玉册又有封册、谥册和哀册之分，为古代帝王在封禅祭祀时所使用的一种典章用玉。封册，是皇帝册命皇太子及后妃的玉册；谥册是帝王于"祖奠"前一日，在南郊为死去的人请谥号时所读的玉册；哀册则是在帝王死后，将遣葬日举行"遣奠"时所读的最后一篇祭文刻于玉册上，类似现在的悼词，然后此玉册随葬入陵墓。明清时期沿用玉册制度，据《清史稿·礼七》记载："册宝初制用金，康、乾时兼用嘉玉，道光后专以玉为之"。此外，清代还有大量刻有清帝御制诗文的玉册，即玉诗文册，这些玉册不是典章用玉，属于玩赏的范畴。

**玉谥册**　清代朝廷典章用玉，现藏故宫博物院。

10片，每片长28.7、宽12.8、厚0.9厘米。此玉册为墨玉制成，刻有从1～10的顺序号，册文为满汉文两种文字，汉文是"原皇后尊谥册文：维顺治五年，岁次戊子十一月辛酉朔月八日戊辰，孝孙嗣皇帝臣福临稽首顿首，上言于皇妣，今天下一统，大业已成，皆由祖妣赞相肇祖原皇帝行善笃祐所致也。爰修典礼，用殚孝思，敬荐册宝等上谥号曰原皇后，以垂懿德于万禩谨告。"

## 朝廷典章用玉·佩

　　这里所说的玉佩，是指由许多玉件组成的组玉佩，古代又称其为杂佩。玉佩是贵族身份的重要象征。在明代，玉佩与玉带一样具有一定的制度，在明万历帝陵及一些藩王墓中出土多套。

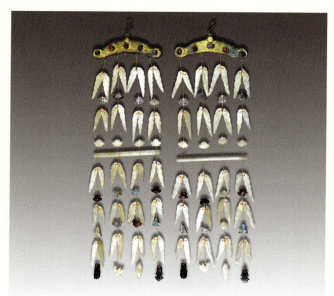

**嵌宝石花玉佩** 明代晚期朝廷典章用玉，北京市昌平县明十三陵定陵出土，现藏北京定陵博物馆。

2副，均通长61厘米。两副一套，基本相同。顶端为鎏金铜钩和铜璜，铜璜两面镶嵌红、蓝宝石并浮雕二龙戏珠纹。铜璜下有四孔，叶形、花形、蝉形、鱼形等玉饰分四纵列、十一横排穿缀于孔上。

## 文房用玉·笔

汉代以后，以帛和纸作为书写材料，而毛笔则是最主要的书写和绘画工具。历代的文人都特别重视笔，除了不断提高笔毛的质量外，在笔管的制作和装饰方面也颇下功夫。明清时期，除了最普遍的竹管和木管，还创制出金银管、象牙管、瓷管、漆管、珐琅管、玳瑁管、玉石管等各种材料的笔管，其中以玉管笔最为高雅珍贵。

**山水人物纹玉笔** 清代中期文房用玉，现藏故宫博物院。

长21.4、直径2.4厘米。玉质青色。笔杆中空，上端嵌碧玉笔斗，下端嵌碧玉。通体采用陷地深雕结合透雕技法，镂雕通景式山林景色，巨石嵯峨，古树参天，天上飘云飞鹤，一湾泉水自山涧淌下。中部一老人遥指空中，观鹤飞翔。下部一童子正在炉边烧火煮茶。景物连贯逼真，立体感极强，使人有如亲临高山峻岭之感。山水人物题材的玉图画一般都雕琢于面积较大的插屏、笔筒或圆雕成玉山子，此器在直径不足3厘米的笔管上雕琢图画，不仅画面内容丰富，而且工艺精湛，充分反映了清代中期高超的玉雕水平。

## 文房用玉·笔筒

　　明清时期的文人非常重视文房用具与陈设，笔筒用以插笔，是文房必备的用具，同时笔筒上面还饰有各种图案，因此也是重要的文房陈设品，其中以竹雕笔筒和玉笔筒数量较多。明清两代的玉笔筒数量很大，这是因为玉笔筒体积较大，外表适宜雕琢图案，特别是按照文人绘画底稿雕琢的玉图画题材的流行，使玉笔筒成为表现玉雕工艺的重要载体，更促进了玉笔筒的生产。

**山水人物纹玉笔筒** 清代中期文房
用玉，现藏天津博物馆。
高12.9、直径13.9厘米。玉质白色，质地较好。器圆筒形，下承三足。器表陷地深雕绘画式图案，在幽静的山林中，一老者策杖前行，后面一童子手捧灵芝，献给老者。旁边有立鹿、飞蝠，远处峭峰林立，亭阁竞秀，意境空灵悠远。画中部分景物为剔地形成的浮雕，人物、动物、景物均生动形象。这种圆形笔筒是清代最常见的玉笔筒形制，所雕图画式图案也是玉笔筒上最多见的装饰题材。

## 文房用玉·笔架

　　笔架，又称笔山、笔格、笔搁，是放在书案上的一种文房用具，为文人于书写间歇时用来架置湿毛笔的用具。款式多样，制作材料也多种多样，其中玉制笔架是文人所偏爱的一种。明清时期的玉笔架一般作山形，底端平直，上端数处圆凹或尖凹，用于搁笔，还有雕作卧仙形、子母猫形、桥形等造型，一般在器身装饰各种纹样，成为精美的文房陈设品。

**桥形玉笔架**　清代中期文房
用玉，现藏故宫博物院。
高7.3、长22厘米。玉质青白
色，略有瑕斑。镂雕一梯形
木桥，桥两端呈坡状，桥面
平直。下雕两排木桩支撑，上
雕横木板纹，一小船上乘坐二
人，行驶在木桩支架的中间。
桥上行人或骑驴，或挑担，
或背物，形象逼真。图案布局
自然生动，表现了我国南方乡间的生活景象。此器利用木桥
的梯形作支架，以镂雕的人物、动物构成凸榫架笔，设计巧
妙，是清中期文房用具中的佳品。

## 文房用玉·笔洗

　　玉笔洗是明清时期数量最多的文房用品，为
盛水洗笔的文具，同时兼具玩赏和陈设的功能。
玉洗一般设计巧妙，除了方形、圆形、椭圆形、
方胜形等几何造型外，还多见雕作植物造型的，
如荷叶形、桃形、海棠形、瓜形、葫芦形、灵芝
形等，同时还在器形和花纹方面增强装饰效果，
如雕饰龙耳、螭耳、蝠耳、花耳、童子耳等。

**葵花形玉笔洗**　明代文房用
玉，现藏故宫博物院。
高7.4、通长17厘米。玉质青
白色，微有褐色沁斑。器呈葵
花式，内壁琢四瓣葵花，中心
花蕊高凸。外壁镂雕花枝、叶
及小花朵，枝叶相连缠绕，底
部有镂空的枝叶以为足，口沿
枝叶较少处露出洗口。此器雕
工犀利，锋芒毕露，具有鲜明
的明代玉雕特征。

**桃形玉笔洗**　明代文房用
玉，现藏故宫博物院。
高6.1、口径9.5～10.3厘米。
玉质青灰色，局部有黄褐色
斑。洗呈剖开的半桃形，外壁
镂雕翻卷的枝叶作为柄与圈
足。口沿下阴刻篆书四言诗：
"君颜如桃，挹而饮之，似盛
甘醪，断瑕甚璧。"杯底阴刻
篆书"子冈制"。

## 文房用玉·砚滴

　　砚滴，又称水滴、书滴，一般口较小，中
空，可贮水，用于向砚台上加少量的水，是重要
的文房用具，同时也是一种文房陈设品。以动物
形造型居多，如兽形、辟邪形、蟾蜍形、鸭形、
鹅形、蟹篓形等，还有仿古彝器造型的。

**葫芦形玉砚滴**　清代中期文房用
玉，现藏故宫博物院。
高7、长19.5、宽11.5厘米。玉质
青白色。雕卧式束腰葫芦形，葫芦
蔓自顶部缘葫芦曲折垂下，其上有
六片形态各异的葫芦叶，部分葫芦
蔓盘于器底为足。在两个瓜的上端
各开一口，中部掏膛作成大、小两
个可以贮水的水池，两池间有孔，

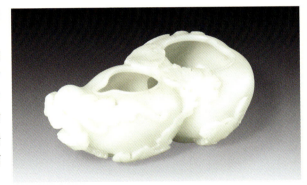

水可流通。"葫芦"与"福禄"谐音，又因其长藤蔓延不
断，常以此表示"子孙万代"之意，为明清时期常见的吉祥
图案和造型题材。

## 文房用玉·砚

　　砚是用来研磨颜料的工具，是我国传统的
文具种类，有陶砚、漆砚、瓷砚、玉砚和金属砚

等。一块精美的砚石，应该具备发墨而不损笔、贮墨而不易干、磨之无声等优点。砚上往往雕琢图案，具有实用与欣赏的双重功能。玉砚就具有上述特点，是文房用玉中的一个重要品种。

**玉砚** 清代文房用玉，现藏故宫博物院。

高2、长13.3、宽9.5厘米。玉质青色，浸染旧玉颜色。形如"风"字，砚面边楞凸起并在中间磨凹槽，砚堂近似椭圆，砚池近似长方形，砚底有槽形抄手，内刻篆书"嘉庆御赏"。这件玉砚仿唐"风"字砚形，并进行了人工做旧，端庄古朴，优雅大方。

## 文房用玉·镇纸

镇纸为文房用具，用以镇压书卷，有圆片形、长条形及圆雕人物、动物、植物等各种形状。明代镇纸主要是圆雕动物形，大部分兼具实用与玩赏的双重功能。清代除了圆雕动物和植物造型外，还有专门制作的长条形、圆形等几何形状的镇纸。

**骆驼形玉镇纸** 明代文房用玉，现藏故宫博物院。

高6、长9、宽3.3厘米。玉质青色有瑕。骆驼为卧式，抬首，双目平视，一绺胡须搭于胸前。双耳贴于头两侧，垂至颈部。两驼峰耸起，身两侧肋骨清晰可见，腿部肌腱凸起。四足屈于身下，小短尾。驼之头、胸、峰、尾、足等部饰有细密的短阴刻线，雕刻有力，做工细腻。明代玉兽是在汉代兽形玉器传统上发展起来的，有仿古与写实两种风格，这件玉骆驼形态真实生动。

**螭龙纹玉镇纸** 清代

文房用玉，现藏故宫博物院。

长27.8、宽3.2厘米。玉质淡青色，纯净温润。器呈长条形，上面以高浮雕技法雕琢一只龙纹和两只螭纹。尾端的两只小螭正在嬉玩，一只前爬，一只回首，似观后螭。龙纹雕于首端，龙首，身似螭形，正在回首观望二螭。这种长条形的镇纸，又称镇尺，清代较多见。

## 生活用玉·碗

　　玉碗是玉器皿的主要器种，作为明清时期宫廷日常生活用品，数量较多，如清内务府造办处《各作成做活计清档》记载：乾隆十八年（1753），清高宗命在银库玉石中选料，发往南边做玉碗100件。其量之大，可见一斑。玉碗最基本的造型为圆体，表面多雕琢花纹或诗文，还常在圆体的造型基础上进行变化，配盖、托，或配以镶金工艺等。

**金盖金托玉碗** 明代

晚期生活用玉，北京市昌平区明十三陵定陵出土，现藏北京定陵博物馆。

高7、口径15.2、足径5.9厘米。玉质白色，细腻莹润，洁白无瑕。碗为圆体，敞口，瘦弧腹，圈足，表面光素无纹。碗上配有镂空云龙纹金盖，碗下配有二龙戏珠纹金托。金配玉，富丽高贵，透显皇家气派。

**高足玉碗** 清代中期生活用玉，现藏故宫博物院。高11.1、口径17.4、足径4.1厘米。玉质蛋青色，纯净温润。碗为圆形，撇口，口缘为花齿形，腹较浅，下为圆柱状高足。外口沿雕琢一周如意云纹，外壁雕竖道条纹，高足部分从上至下依次雕琢兽面纹、蕉叶纹和雷纹。内壁光素无纹，打磨莹润。这种器形为明清时期瓷器中多见的造型，但这样规矩精致的玉制器皿则只有清代中期才能制作出来。

## 生活用玉·盘

明清时期玉盘的数量比较多，玉质精美，图案纹饰亦十分精美，主要为宫廷使用。

**菊瓣形玉盘** 清代中期生活用玉，现藏故宫博物院。高6.3、口径22.5、足径13.9厘米。玉质碧绿色。盘圆形，壁雕作纵向菊瓣，盘底为三重菊瓣纹，盘中心结为花蕊。菊瓣式圈足。这件菊瓣盘边壁极薄，雕成细密的凸凹菊瓣状，表现出了极高的加工技巧，是清代制玉工艺的代表作品。

## 生活用玉·执壶

执壶是古代的水具、茶具，为模仿陶瓷器而来的玉器造型，玉执壶主要见于明清时期。执壶的基本形制是主体似细颈肥腹的瓶体，颈部有一个或两个执柄，有盖或无盖，腹部一般以阴刻或浮雕技法雕琢图案。明清时期的玉执壶形制变化多样，除了高、矮不同的圆体，还有方体、竹节式、莲瓣式、羊首式等不同的样式，多赋以吉祥的含义。

**婴戏纹玉执壶** 明代生活用玉，现藏故宫博物院。高12.3、口径3.8～6.1厘米。玉质青色。抹角四方体，曲流，弧形柄，方盖，立狮纽。肩、腹部在长方和方形开光内浮雕婴戏图，流和柄部琢花果图案。在盖顶狮纽的下方镌"子刚"款，为明代名匠陆子刚的作品。据造型、纹饰考察，此器当为陆子刚的真品，乾隆时期曾有模仿此器雕琢的作品。

**龙纹玉执壶** 清代中期生活用玉，现藏故宫博物院。高10.4、长17.2、宽10.5厘米。玉质白色，略带人工染色。壶为圆体，半球形盖，蒜头式纽，壶柄由双夔龙相拼而成，圆形圈足。壶口四周琢四连弧纹，弧纹内琢缠枝莲纹，腹部饰勾连双身龙纹。壶底阴刻隶书"道光御用"。在清代玉器中，带有"道光"款识的器物极为少见。

## 生活用玉·杯

杯，又称为盏，形似碗，但体较小而高，为水具和茶具，一般与壶及盏托配套使用，造型多样，主要分有耳和无耳两类。明代以双螭耳杯和透雕花形杯较为多见，清代的杯造型更多，其中以实用价值较高的盖杯数量为多，有的配有盏托。

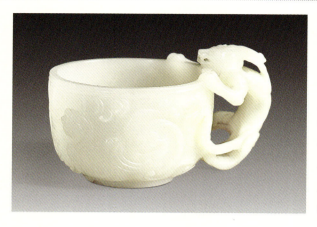

**螭柄玉杯** 明代生活用玉，现藏天津博物馆。

高5、宽8.8、口径6厘米。玉质白色温润，有乳浊感。杯呈圆形，直口，深腹，圈足。在杯的一侧镂空一螭作为杯柄，螭头及前爪伏于口沿，后肢及尾贴于杯壁。在杯的外壁以浅浮雕技法雕琢五只形态各异的螭纹。此器雕琢精细，为明代螭柄杯中的佳品。

**莲纹玉杯** 清代中期生活用玉，现藏故宫博物院。

2件，均通高17.9、口径7.9、足径6.7厘米。玉质碧绿色有瑕斑。器由杯与杯柄两部分连接而成。杯为圆形，撇口，口沿饰一周雷纹，腹浅浮雕缠枝莲纹，高足，足外饰莲叶纹。杯柄下部为双层圆座，下层圆座饰三组兽面纹，第二层座为莲瓣式，座上有束腰葫芦式柄，其上浮雕藤、蔓及小葫芦，柄上部又有一莲瓣形座，杯接于座上。

## 生活用玉·唾盂

唾盂即用于吐痰的器皿。清代玉唾盂以光素、阴刻或浅浮雕纹饰者为多。

**龙凤纹玉唾盂** 清代中期生活用玉，现藏故宫博物院。

高6.9、口径11.2、足径4.8厘米。玉质青白色，有瑕斑。盂圆形，口极阔外撇，短颈，颈部饰弦纹一周。凸腹，腹外琢凸起的龙、凤纹，龙与凤皆作行走状，身旁雕有浮云，龙、凤头相对，共戏一火珠。这种腹外高浮雕龙、凤纹饰的唾盂比较少见，为清宫用器，且为同类器中之精品。

# 生活用玉·盒

　　为一种有盖无柄的器皿，因所盛放的物品不同，盒的体积大小也不等，大至捧盒，小至脂粉盒。除了高、低不同的圆形外，还有方形、花形、动物造型的盒。

**五蝠团寿纹玉盒**　清代中期生活用玉，现藏故宫博物院。

高8.6、口径14.7、足径11.1厘米。玉质白色纯洁。盒圆形，平顶盖，圆形圈足，盒身较浅，盖与身以子母口相合。盖顶雕圆形开光，开光中部雕团"寿"字，"寿"字周围雕五蝠，寓"五福捧寿"之意。开光之外浅浮雕缠枝蕃莲纹，盒身亦饰浅浮雕缠枝蕃莲纹。

# 生活用玉·罐

　　罐为器体比较高、广的器皿，大多有盖。

**花蝶蝠桃纹玉罐**　清代中期生活用玉，现藏天津博物馆。

高17.7、口径13.8、足径6.6厘米。玉质青白色，质地纯净。器体呈球形，由半球形的罐身和同样形状的罐盖组成，盖纽呈莲瓣状，顶部镂雕五螭，肩部镂雕五个活环，下有圈足。盖、身表面均浅浮雕圆双蝶、福字、蝠桃和菊花等花纹，寓意"五福捧寿、花蝶同春"。

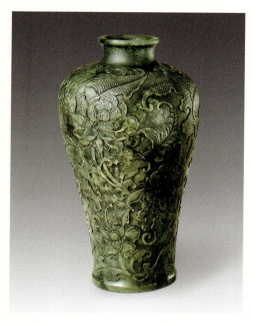

## 生活用玉 · 瓶

玉瓶是一种可以盛水、也可以插花的器皿，因此它兼具陈设与实用的功能。

**蕃莲纹玉瓶** 清代陈设、生活用玉，现藏故宫博物院。

高26、口径6.2、足径8.9厘米。玉质碧绿色，有瑕斑。瓶圆体，小口，唇外卷，短颈，丰肩，深斜腹，凹足，这种瓶的样式俗称梅瓶。瓶满身浅浮雕缠枝蕃莲纹，花朵饱满，花瓣为复瓣，中心露出花蕊，花叶较大且翻卷。梅瓶是中国传统造型，蕃莲纹图案是受外来影响的艺术样式。

## 生活用玉 · 奁

奁为古代妇女盛装各种梳妆用品的器具，形似有盖的钵。清代宫廷使用的奁多为木制，其上雕花并嵌玉，以玉雕者更为美观珍贵。

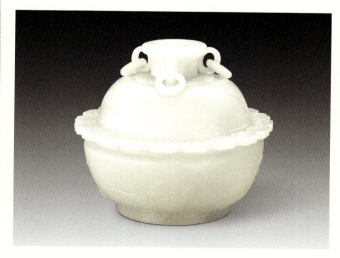

**万年如意纹玉奁** 清代生活用玉，现藏故宫博物院。

通高11.7、口径13.8厘米。玉质白色，莹洁温润。器呈圆体，有盖。奁为圆口，大折边宽平口沿，口沿雕有二十个如意头形，腹微外凸，外壁浅浮雕两株灵芝和两株万年青。盖为半球形，顶部为外翻的圆环形纽，纽的外侧透雕有三个等距分布的活套环，盖面亦浅浮雕两株灵芝和两株万年青，与腹部纹饰相对应，寓意"万年如意"。

## 生活用玉·鼻烟壶

　　鼻烟在明代由西方传入中国，清康熙年间中国首创了专门盛装鼻烟之器——鼻烟壶。在皇帝的授意下，清宫造办处下属的各作坊、宫廷控制下的景德镇御窑、苏州和扬州的玉作等，纷纷制造各种工艺的鼻烟壶。鼻烟壶生产在乾隆朝达到高潮，嘉庆朝以后产量下降，但至民国时仍作为一种艺术品在生产。玉鼻烟壶是其中的一个重要品种。

**瓜形玉鼻烟壶** 清代生活用玉，现藏故宫博物院。

通高6.4、口径0.8厘米。玉质白色，为籽料，局部有黄褐色皮壳。随形雕琢十瓣瓜棱，器壁雕叶茎，其中两片叶子是以黄褐色玉皮雕成，器底部也稍留皮色。盖雕成一个小瓜形，下连象牙匙，设计巧妙。古曰大者为瓜，小者为瓞，称为"瓜瓞绵绵"，寓意子孙兴旺。

## 生活用玉·炉顶

　　明代流行使用香炉，有很多炉的盖纽为玉雕的，古玩界将这种玉器称作炉顶。明代的玉炉顶有很多本为元代官服中的帽顶，这类器形流传至明代，由于服饰体制的改变，帽顶失去实用价值，但这种玉器造型却存世颇多，由于制作精美，受到明人的喜爱，于是改用作炉顶。所以，传世的元代玉帽顶也常被称作玉炉顶。明代也仿照元代帽顶的样式生产玉炉顶，款式自由多样，纹饰和做工方面仍为明代特征。

**鸳鸯戏莲纹玉炉顶** 明代生活用玉，江西省南城县七宝山明益宣王墓出土，现藏江西省博物馆。

通高4.2、长5.3、宽3.3厘米。玉质青白色，顶部和侧边有黄褐色玉皮。整器透雕鸳鸯戏莲，鸳鸯口衔莲枝，头顶有一长翎，头侧有羽佩，展翅作凫游状，周围镂雕有莲花和荷叶。底部呈椭圆形，有两对牛鼻式穿孔，可以缝缀或镶嵌固定。

## 生活用玉·带钩

带钩是我国古代服饰的重要组成部分，有玉带钩、铁带钩、铜带钩等各种材质。从考古发现看，玉带钩最早出现于新石器时代的良渚文化，是带钩的雏形。至春秋时期，玉带钩的形制趋于成熟。战国和汉代是玉带钩的兴盛期，数量和类型都极其丰富。东汉至南北朝时期，玉带钩数量锐减，造型单调，进入了衰落期。隋唐以后，玉带钩成为玩赏品。元明清三代，玉带钩重又兴盛，最多见的就是钩首雕龙首、腹部雕螭纹的苍龙教子带钩，我们可以从带钩本身的形制及腹部螭纹的形态区分其时代。

**嵌宝石玉带钩** 明代晚期生活用玉，北京市昌平区明十三陵定陵出土，现藏北京定陵博物馆。

长14.2、腹宽2.5厘米。玉质白色。钩首作龙首，钩身平直，腹下的椭圆形钩纽较矮，这是明代玉带钩比较常见的形制。龙额嵌一颗绿宝石，龙睛镶猫眼石。腹部微弧凸，嵌红宝石二、蓝宝石一、黄宝石一。此带钩出于万历皇帝棺内。

## 装饰用玉·佩

玉佩为用于佩戴的装饰品，既美观，又具有吉祥、压胜、辟邪的作用。器形有圆雕的人物、动物、植物造型，也有长方形或其他形状的片状器，上面以透雕、浅浮雕或阴刻技法装饰各种花纹图案。

**月令纹组玉佩** 清代装饰用玉，现藏故宫博物院。

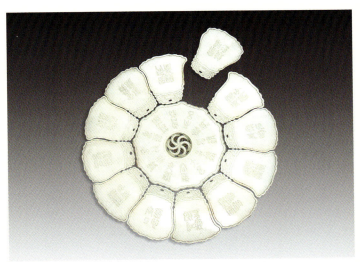

圆形佩直径11.3、厚0.9厘米；花瓣形佩长6.4、宽5.5、厚0.7厘米。玉质纯白无瑕。由一块圆形和十二块花瓣形玉佩组成，十三块玉佩围成一个花朵形状。中间的圆形佩的中心透雕六环活心，似花蕊，正面雕水仙、海棠、万年青和灵芝图案，背面琢篆书阳文十二律吕，即黄钟、大吕、泰（太）簇、夹钟、姑洗、仲吕、蕤宾、林钟、夷则、南吕、无射、应钟；其周边有十二个凸榫，可以榫合花瓣形佩。十二个花瓣形佩上端有孔可以穿系，其正面分别雕水仙、石榴、桂花、菊花、荷花、梅花、杏花、秋葵、牡丹、桃花、芙蓉、芍药十二种花卉，背面琢相应的篆书阳文，分别为仙子凌波、宝珠焕彩、桂鄂飘香、金花庄严、瑞荷清丽、梅蕊传春、杏林吐艳、葵心向日、芍药翻红、缃桃献媚、芙蓉烂漫和安石月辉。十二玉佩的花卉分别与十二月相应，而每一佩所代表的月令又与圆形佩上的十二律吕相对应。

## 装饰用玉·香囊

香囊是清宫中常见实用品，囊体表面细密镂空，中空，可放置鲜花等香物。常见器形有双鱼形、莲花形和三棱柱形等。

**莲花纹玉香囊**　清代装饰用玉，现藏故宫博物院。

高8.9、宽7.3厘米。玉质青白色，纯净温润，为清代常见玉料。器身呈盒状，由两组对称的弧形器以子母口扣合，两面分五瓣镂雕荷叶、荷花和水草。器上部为包袱形盖，盖面饰浅浮雕五瓣形莲花，盖顶两端有小孔。盖的上部为仿古双首夔龙式提梁，龙身浅浮雕谷纹，提梁中空，中央有孔，两侧下端有榫可插入器盖的小孔中。系绳从提梁、盖的贯通孔中穿入，可以系连器身，当绳勒紧后，器身扣合；当绳松开后，器身自启，内里可填充香料，设计非常巧妙。

## 陈设用玉·圆雕人物

　　人物雕像是中国古代玉器的一个重要题材，其对象主要是受人膜拜的宗教人物、历史英雄、民间传说中的神仙、能带来好运的童子和老人等。人物雕像中数量最多的是佛像。这里所说的佛像，不仅仅指佛祖释迦牟尼的造像，而是广义地指佛教造像，除了佛的尊像外，还包括菩萨、各种护法天神、明王、罗汉以及佛弟子像。其材质有陶塑、金铜铸、木雕、玉雕及各种绘画的佛像等。玉雕佛像多见于元、明、清三代。

**玉菩萨像**　明代陈设用玉，现藏故宫博物院。高11.5、底长8.1、宽5.2厘米。玉质青色。菩萨半闭眼，耳轮垂肩，面庞丰满，头戴斜冠，坐于兽背，一足踏莲台，一足抬起踩于兽肩，右手放于膝盖，左手扶兽臀，身着长衣长裤，胸前、腰下饰凸起的璎珞。兽卧莲台，兽首后昂作鸣叫状，凸眼粗眉，数绺长毛发后披，长尾卷于菩萨足边。莲座边凸雕一周莲瓣纹。琢制粗犷有力，为明代玉雕风格。

**玉佛像** 清代中期陈设用玉，现藏故宫博物院。

高13.6、底宽8.3、厚4.1厘米。玉质青色，质地优良。佛像为佛祖释迦牟尼。其头上有肉髻螺发，大耳下垂，眉目修长，眼皮下耷，盘膝坐在须弥座上，结跏趺坐，手作法界定印，腕戴镯，身着长宽衣，肩披巾，胸部饰璎珞及飘带。神态自若，身体比例适度，衣纹潇洒飘逸，应为清中期高手琢制。

## 陈设用玉·圆雕动物

动物是中国古代玉雕中的一个重要题材。明清时期的动物形玉雕多具有吉祥的寓意，也有一些是日常生活中备受人们喜爱的宠物，形神兼备，惟妙惟肖。明清时期的玉雕动物一般都兼具陈设、玩赏和文房镇纸的多重功能。

**玉马** 明代陈设、文房用玉，现藏故宫博物院。

高4.5、长8.3、宽3.3厘米。玉质青色显旧。马呈回首卧伏状，右前足踏地，余三足卧于腹下，长尾弯于身体右侧。头较短，阴刻菱形眼，额前及颈后鬣毛下垂。背部凸起脊线，胸与臀部肌肉丰满，造型准确逼真。

**玉十二生肖** 清代中期陈设用玉，现藏故宫博物院。

12件，高3.1～3.4厘米。玉质青色。十二件生肖像为坐姿各异、手中持有不同器物的兽首人身像。中国的十二生肖与十二地支搭配，其组合依次为子鼠、丑牛、寅虎、卯兔、辰龙、巳蛇、午马、未羊、申猴、酉鸡、戌狗、亥猪，是中国传统文化的重要组成部分。这套十二生肖形象生动，雕琢细腻，为清代玉雕风格。

## 陈设用玉·圆雕植物

明清时期的圆雕植物，与圆雕动物相似，多为具有吉祥寓意的植物品种，形象美观生动，兼具陈设、玩赏和文房镇纸的多重功能。

**玉荷叶莲蓬**　清代中期陈设、文房用玉，现藏故宫博物院。高12.6、长25.5、口径12.1厘米。玉质青白色，一面微有瑕。底座雕琢水波形，其上左侧镂雕一湖石，向右依次雕莲蓬、荷花和荷叶。莲蓬顶部凸起七粒莲子，其旁花蕾乍放，荷叶边沿卷起呈洗状。荷花亦即莲花，因"莲"与"连"同音，而且莲蓬多子，用以寓意"连生贵子"，是明清时期最常见的吉祥玉雕题材之一。

**翡翠白菜**　清代中期陈设、文房用玉，现藏台北故宫博物院。高18.7厘米。翡翠质，一块料上，白、绿、红三色兼备。此为一件巧作的陈设艺术品，玉匠利用玉材色泽之变化，雕成一棵形神毕肖的白菜。白色部分做成菜帮，叶柄白嫩，茎脉分明。翠绿部分做成菜叶，自然翻卷，青翠欲滴。菜叶旁一斑红翡，雕一只正在栖憩的蚂蚱，春意盎然。此件原陈设于清廷的永和宫，曾为光绪帝德宗隆裕皇后的陪嫁，是清代最精彩的俏色翠玉之一。

## 陈设用玉·山子

玉山子是清代流行的陈设品，一般是以绘画作品为画稿，雕琢山水人物图案，犹如立体的绘画，因此被誉为玉图画。清乾隆四十年（1775）以后，随着玉业的兴盛，出现了被称为"俗式"、"新样"的玉厄现象，为了扼制、扭转这种局面，乾隆皇帝更加大力提倡制作具有高雅气息的玉图画题材玉器，希望藉此将玉业引上古典朴雅之路。玉山子是玉图画题材玉器的一个主要品类，所以，随着玉图画玉器成为当时玉器的一个主流，玉山子的制作数量和质量也都达到了前所未有的水平。

"桐荫仕女" 图玉山子

清代中期陈设用玉，现藏故宫博物院。

高15.5、长25、宽10.8厘米。玉质白色，为白玉籽料的外壳雕成，表面带有大面积的橘黄色玉皮。构图主体为一门亭，陷于桐荫之下，前有门柱瓦檐，圆形门洞。内有两扇活门，一门闭合，一门微启。门内外各有一仕女，一人以手折花，一人双手捧物，相互窥望。门前两侧利用皮色雕成桐树、湖石、芭蕉，描绘了江南优美的庭园景色。器底刻有乾隆三十八年（1773）御题："和阗贡玉，规其中作碗，吴工就余材琢成是图。既无弃物，且完璞云。" 乾隆御制诗："相材取碗料，就质琢图形。剩水残山境，桐檐蕉轴庭。女郎相顾问，匠氏运心灵。义重无弃物，赢他泣楚廷。乾隆癸巳新秋御题。" 图案构思与故宫所藏桐荫仕女图油画屏风的图案相同，堪称玉雕史上的一绝。

**"大禹治水"图玉山子** 清代中期陈设用玉，现藏故宫博物院。

高224、宽96厘米，错金铜座高60厘米。新疆叶尔羌青色山料，绺纹多。玉工根据宋人的画稿，利用玉料本身的绺纹和色泽，独运匠心，随形施艺。作品将陡峭险峻的大山、蜿蜒曲折的山道、嶙峋的悬崖以及开山治水的民工们艰苦紧张的劳动场面，表现得淋漓尽致。正面山巅刻"五福五代堂古稀天子宝"方印，左有"天恩八旬"圆印，背面上方刻"古稀天子"圆印，正中刻双行隶书"密勒塔山玉大禹治水图"，下镌乾隆赞颂大禹治水功德的御制诗和注释文。据清宫档案记载，此器原料重达5300多公斤，是于冬季在道路上泼水结冰，用数百匹马拉，近千人推，经过三年的时间，才从新疆密勒塔山运到北京，由画匠设计画样、制成木样后，一并经水路运往扬州琢制，成器后又经水路运回紫禁城，由造办处玉匠朱永泰等镌字后，置于乐寿堂，前后共用十年时间。它是现存最大的古代玉雕，凝聚了数千人的智慧和血汗，是一件不朽的玉雕艺术杰作。

## 陈设用玉·插屏

插屏是一种可组装的屏风，宋代开始出现，置于几案上或砚台边，是用以挡蔽风尘和观赏的小型砚屏。至清代，小型砚屏的结构基本上都是屏心与屏座分开，可组合安装的，所以通称为"插屏"，其表面多碾琢绘画题材的图案。清代的玉插屏一般为玉屏心，配木边框和木座。玉插屏是玉图画题材玉器的一个主要品类，所以，随着玉图画玉器成为当时玉器的一个主流，玉插屏的制作数量和质量也都达到了前所未有的水平。

**"松亭人物"图玉插屏心** 清代中期陈设用玉，现藏故宫博物院。

长24.7、宽15.1、厚1.1厘米。玉质碧绿色，色泽深沉典雅。屏心为竖立的长方形，一面浮雕人物山水题材的玉图画，图中山石林立，树木葱茏，双檐小亭掩映于林中，一老人坐于松石下，一小童执喷壶浇洒菊花。在图画一角的空白处镌描金御制五言诗："群卉渐消歇，金英殿众芳，一庭含爽气，三经遍清香……"另一面镌刻一百个篆书"福"、"寿"字。

## 陈设用玉·如意

如意，起源于爪杖，因爪杖能搔到背部手所不及之痒处，甚如人意，而得名"如意"。又因古人常执之于手中，而得雅号"握君"。明清时期，如意成为寓意吉祥的陈设品。在清宫，每逢帝后寿辰或重大庆典，诸王公大臣都要进贡如意作为贺礼，有时要进贡九盒如意，每盒中装九柄，意寓"久久如意"。

### 灵芝形玉如意

清代中期陈设用玉，现藏故宫博物院。

长38.8厘米。玉质青色，淡雅温润。器呈灵芝

形，首呈一大朵如意形，其上浮雕两只相对的蝙蝠和一火珠纹，外部镂雕一枝小灵芝。柄部采用高浮雕及局部透雕技法，雕琢云龙戏珠、丹凤衔花和灵芝花纹，云龙的身体在柄部上下盘绕，颇为生动。

## 陈设用玉·花插

玉花插是以玉雕成的插花容器，同时其本身也是一件陈设观赏品。明清时期的花插造型多样，其中很多模仿动植物形象雕成肖生器皿，所模仿的动物和植物一般都具有吉祥的寓意，形神兼备。同时也有很多是模仿古代青铜器的造型，即以仿古玉器作为花插的。

**鳌鱼形玉花插** 明代陈设用玉，现藏台北故宫博物院。

高15.6、宽9.55厘米。玉质白色，局部有黑褐色斑。通体雕作竖立的鳌鱼形状，龙首鱼身，口大张，背部附一小龙。玉匠巧妙利用玉料的黑褐色玉皮，雕成龙须、口沿、背鳍和尾部，鱼体刻鳞纹。龙鱼是中国古代艺术品中常见的题材，具有宗教和吉祥寓意。

**白菜形玉花插** 清代陈设用玉，现藏故宫博物院。

高16、长12.2、宽6.1厘米。玉质青色。器下部琢一扁三角形底托，表面凸凹不平，中心立一株白菜。白菜粗壮，外周菜叶卷向外侧，内周菜叶竖直向上，菜叶阴阳面均雕出叶脉，中空。所选玉材青色中泛有黄色，极似白菜的颜色，造型逼真，是一件不可多得的艺术品。

## 陈设用玉·香炉、香熏

　　明清时期，各种佛事、祭奠活动都需要烧香，因此香具是极为常用的生活用具，兼具陈设与实用功能，香炉是将香插于炉中点燃让其燃烧的器皿，明清时期常以仿古青铜器鼎和簋的器形作为香炉使用。香熏的器壁及盖有镂孔，香烟或香气能从孔中散出。流行用来烧香的除了香炉、香熏，还有一种直筒式香具，被称为香筒或香笼，其基本造型是细长的直筒，上下各有一个扁平的盖顶和承座，主体部分雕镂空花纹，以散发香烟，筒内有一枚小插管，用以插香。

**兽形玉香炉** 明代陈设、生活用玉，现藏故宫博物院。

高17.8、口径5.6厘米。玉质青色，局部有深褐色斑沁及绺纹。独角，昂首，张口露齿，四足正立，前两足有羽翅，身上雕龙纹及卷云纹。兽头为盖，腹空，可贮香料，香味透过兽嘴向器外散发。

**山字纹玉香熏** 清代中期陈设、生活用玉，现藏故宫博物院。

通高12.6、玉熏高9.3、直径7.6厘米。玉质青色，局部微有黄色。熏圆筒形，上下口沿各饰一周云纹。圆筒分为两截，各有五个"山"字形榫，相互交错套连，可活动，但不能将两截分开，中间的缝隙可散香气。香熏之下有镂雕紫檀木圆座，其上部有镂雕紫檀木盖。

# 痕都斯坦玉器与仿痕都斯坦玉器·痕都斯坦玉器

痕都斯坦玉器简称痕玉，是乾隆皇帝对17～18世纪位于今北印度和巴基斯坦地区蒙兀儿帝国和土耳其鄂图曼帝国生产玉器的称呼。18世纪中叶，乾隆平定新疆南北路以后，这些玉器通过新疆以进贡的方式大量传入宫廷，乾隆皇帝非常喜爱这类玉器，称其为痕都斯坦玉。清宫收藏品有的在器表加琢了乾隆的御制诗文，记载它们是西域的进贡品，原签题多称其为"痕都斯坦玉器"或"印度玉器"。这种玉器玉质莹润，以"水磨"为工具，多仿动植物造型，轻薄精巧，尤其喜欢装饰各种花卉图案。器形有的雕成一朵花形，有的作半个剖开的瓜形。器底常浮雕成一朵平展盛开的花朵。器柄处多立雕作花蕾与缠绕的茎叶，或是一个弯曲的羊头。器表常嵌饰金、银丝和红、绿宝石，与中国传统玉器风格迥异，深得乾隆皇帝推崇。民间玉肆称之为"蕃作"或"西蕃作"玉器。

**嵌宝石花叶纹玉瓶** 清代中期痕都斯坦玉器，现藏故宫博物院。

高20.1、口径1.7、足径4.5厘米。玉质青灰色。瓶体细长，由颈、腹两部分粘接而成。顶有盖，盖周围以金丝托嵌八块红宝石，中间凸起花蕾形纽，纽顶嵌一绿宝石。颈部细长，浅浮雕莨苕花叶纹，并嵌银质小草形片，中部饰金丝托嵌红宝石三周。腹部扁圆形，浅浮雕莨苕花叶纹，并嵌饰银质小草形片，近足处嵌金丝托碧玉八块。器体造型、花纹的样式和装饰技法都是典型的痕都斯坦玉器风格。

**兽角形玉火药筒** 清代中期痕都斯坦玉器，现藏台北故宫博物院。

长10.9、宽2.8厘米。玉质青色泛灰，局部为黑玉。全器琢成兽角形，较大的一端有金丝分割出圆盖，但不能开启。较小的一端琢成羊头形，以金丝和红玻璃珠镶嵌眼睛。盖顶饰一花朵，以白玉嵌圆纽作花芯，周围琢花瓣。筒身琢一周叶纹。筒的上方以铜为柄。火药筒为盛装火药以供塞入枪膛之用，此器可能为玩赏器而非实用品。火药筒是痕都斯坦玉器的一个重要器形种类，器体上花纹的样式和装饰技法也是典型的痕都斯坦玉器风格。

# 痕都斯坦玉器与仿痕都斯坦玉器 · 仿痕都斯坦玉器

　　痕都斯坦玉器由于玉质莹润，轻薄精巧，造型别致，深得乾隆皇帝推崇。但进入清宫的痕都斯坦玉器数量有限，不能满足乾隆皇帝的需求，因此他还命宫廷玉匠仿制痕都斯坦玉器。中国玉工琢制的仿痕都斯坦玉往往会带有中国传统的文化和工艺特点，如菊花碗和菊花盘就是中国传统的器形题材与外来审美观念、琢玉工艺完美结合的产物。据说这类正反起伏的薄胎玉器琢制难度极大，主要出自苏州专诸巷玉匠之手，显示出了他们高超的琢玉功力。

**菊花形玉碗**　清代中期仿痕都斯坦玉器，现藏故宫博物院。

高5.7、口径14.8、足径6.4厘米。玉质青色，略有瑕。碗雕作菊花形，器壁雕三层菊瓣纹，每个花瓣都是外凸内凹，打磨匀净，充分显现出玉质的洁白莹润。内底琢一朵四重花瓣的菊花，中心刻小格纹花蕊。足亦雕为菊花形。菊花在明清时期是一种常见的吉祥图案，也是中国器形和纹饰的传统题材。这件菊花碗器形如一朵盛开的菊花，胎薄器轻，具有痕都斯坦玉器的风格，为清代中期特有的仿痕都斯坦风格的玉器。

**羊头瓜形玉茶壶**　清代中期仿痕都斯坦玉器，现藏台北故宫博物院。

高15.4、长17.8、宽12.7厘米。玉质白色，莹润无瑕。壶身雕作南瓜形，壶嘴立雕为羊头形，底琢一平展为十二瓣的花朵。三条扭丝状玉条连系于雕作荷叶莲蓬的半圆形玉片上，形成提梁。此器原陈设于紫禁城永寿宫。茶壶是中国传统的器物种类。而以动物和植物作为器形和纹饰题材，是痕都斯坦玉器的一个重要特征。这件羊头瓜形茶壶，是典型的中国制作的仿痕都斯坦玉器。

## 仿古玉·鼎

明清时期，仿古玉器得到很大的发展，逐渐成为玉器种类的主流之一。仿古玉模仿的对象最主要的就是古代的青铜器。青铜鼎本是青铜礼器中熏煮肉食的器皿，其基本形制有两种：一种是圆鼎，一种是方鼎。鼎是古代的国之重器，青铜鼎数量很多，所以在仿古玉中，鼎也是最重要的品类之一，有的还是仿古代青铜器中有铭文的鼎，如召夫鼎。仿古鼎一般器形厚重，玉质优良，雕工精湛。

**兽面纹"召夫"玉鼎** 清代中期仿古玉，现藏故宫博物院。

高25.15、长20.9、宽13.8厘米。玉质深青色。此器器形、纹饰及铭文均模仿青铜召夫鼎的形制，长方体，口沿有唇，两窄沿上有立耳，腹部四角及两宽面中央皆出戟，四圆柱形足。口沿外饰一周雷纹，腹饰浮雕兽面纹，足外侧饰变形蝉纹。内底刻乾隆御题"和阗贡玉来虽多，博厚尺盈亦致艰。材拟召夫今作鼎，祥非王母昔贻环。亚形还与摹铭款，量采宁当视等闲。事不师古说闻匪，愒因赏并把吟间。"七言诗，末署"乾隆丙申春正日御题"，并刻"几暇怡情"、"得佳趣"二方章。内侧壁上仿刻古铭文。外底阴刻隶书"大清乾隆仿古"三竖行款。为清代仿古玉中的佳作。

## 仿古玉·簋

簋是青铜礼器中盛放饭食的容器，也是食器中最常见的一种，一般为侈口、圆腹、圈足，部分有盖。仿古玉中的簋一般器形厚重，其纹饰也是仿照青铜簋的样式。明清时期的簋除了陈设，往往还作为炉来使用，明代的簋有时还配以木盖和玉炉顶。

**兽耳兽面纹玉簋**　清代中期仿古玉，现藏故宫博物院。

高15.2、口径21.6、宽31.5厘米。玉质青色，有瑕斑。器仿周代青铜簋形制，圆形，口稍撇，束颈，扁圆腹出扉棱，两侧各有一兽衔沿套环耳，圈足外撇。口沿外饰一周雷纹，颈部雕夔凤纹压卷云纹地，腹部雕雷纹锦地，上压变形兽面纹。底心阴刻隶书

"乾隆仿古"四字。此玉簋原配有紫檀木盖，盖内雕 "甲" 字，它是乾隆年间雕琢的重要仿古器之一。其造型较明代所雕仿古玉簋稍矮，纹饰分主纹和地纹两层，雕工精致，体现出清乾隆时期的工艺特征。

# 仿古玉·豆

　　青铜器中的豆基本形制是上为浅盘、中有握柄、下为圈足，仿古玉中的豆基本是模仿这种造型，并根据所模仿的不同时代的豆，在器表雕琢相应的纹饰。

**狩猎纹玉豆**　清代中期仿古玉，现藏故宫博物院。

高25.15、口径15.8、宽20.9厘米。玉质碧绿色。豆呈高足碗式，豆口两侧各有一圆环式耳，高足外撇，覆碗式盖，环形盖纽。盖面、腹外及足壁均模仿战国时期青铜器上多见的狩猎纹浮雕人物、飞禽、走兽，盖纽上琢四只夔凤纹。足内侧刻隶书 "大清乾隆仿古" 六字款。豆盖内阴刻楷书乾隆御题七言诗："和阗绿玉中为豆，命工追琢成百兽。四足双翼无不有，奇形诡状难穷究。较之夏楈胜其质，等己商玉如其旧。式取西清周代图，想侧边左俎之右。意复存古去华器，鄙哉时样今

犹富。"末署"乾隆丁未御题",并镌"古稀天子"和"犹
日孜孜"二方印。此诗明确指出这件碧玉豆是按照《西清古
鉴》上的图样来雕琢的,因此造型、纹饰都有明显的战国时
代特征,制作的目的还是扼制当时流行的"华嚣"、"时
样"等玉厄现象。

## 仿古玉·爵

　　玉爵为仿古玉的一个重要器形种类,是仿照
古代青铜器爵的形制而制做的。在商周时期,青
铜爵是一种酒器,同时具有"明上下,等贵贱"
标志身份等级的作用。它的造型一般上大下小,
口部呈向外大敞的椭圆形,前面有流,后面有
尾,腹下为三个外撇的细长尖足。腹部雕刻云雷
纹或夔龙、夔凤纹,有的还雕扉棱装饰。

**金托龙纹玉爵** 明代晚期仿古玉,北京市昌平
区明十三陵定陵出土,现藏北京定陵博物馆。
高11.5、腹深5.8、长13.2、宽5.6厘米。玉质白色
显旧。器呈元宝形,深腹,圜底,两蘑菇形柱,
三柱足,一侧附透雕的龙形把手。爵流及尾的外
壁各刻一正面的龙纹,龙的两前爪各托一字,流
部为"万"字,尾部为"寿"字,爵体刻如意云
纹。爵下有一金质托盘,中部为一树墩形柱,上
有三孔,三爵足插于其中。盘及树墩均镶嵌有
红、蓝宝石。这件爵虽然在器形上以青铜爵为
蓝本,但加入了明代流行的因素,如镂雕的双螭
耳。另外,加金托和嵌宝石工艺也是明代帝王所用玉器上经常
使用的装饰方式,古雅华贵。

## 仿古玉·壶

　　壶是盛酒的容器,一般器体较高、小口、
窄颈、宽鼓腹。壶的形状多种多样,有圆壶、方
壶、扁壶、瓠形壶、贯耳壶、蒜头壶等。在明清
时期仿古玉器中,壶的数量极大。

**题诗文玉壶** 清代中期仿古玉，现藏故宫博物院。
高24.5、口径6.8、腹径10.7～11.6、足径6.3厘
米。玉质青色，一侧有浅赭色。器方体，直口，细
长颈，宽鼓腹，方足。盖微凸，光素无纹，在四角
斜棱上凸雕四个鸟首形饰。腹部光素，一面阴刻隶
书乾隆丙午御题诗，这段御制诗反映了清代玉业的
现状及仿古玉盛行的历史背景，具有重要的史料价
值。底部中央阴刻隶书"大清乾隆仿古"竖行款。
根据诗文内容，此器当是乾隆时期苏州专诸巷玉匠
仿汉铜壶式样琢制的，为乾隆仿古器之代表作。

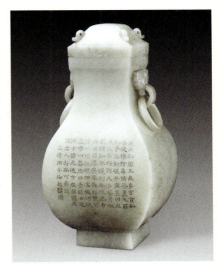

## 仿古玉·尊

　　尊是大侈口、束长颈、鼓腹、高圈足的酒
器，其形似瓿而体较宽肥。还有一些动物造型的
酒器被称为鸟兽尊。在仿古玉器中，这两类尊都
可见到，一般在装饰纹样上也模仿青铜器尊的样
式，有的还在器形和纹饰上进行变化，加入一些
明清时期玉器的流行因素。

**龙纹玉尊** 清代仿古玉，现藏故宫博物院。
高16.3、口径9.5～16.1厘米。玉质青白色。器形模仿古代
青铜尊的形制，大侈口，束长颈，鼓腹，高圈足，同时在此
基础上有所变化。器体呈椭圆
形，颈上部四面各镂雕一蝴蝶
套活环式耳。蝴蝶纹非常写
实，不见于古代的青铜器上，
而是明清时期常见的生活化的
装饰题材。器颈部浅浮雕变形
夔纹，这是明清时期常用的一
种在古代夔纹基础上变化而来
的仿古纹样，腹部剔地深雕双
龙纹和双螭纹，足外饰十二朵
如意形云纹，这些是清代常用
的装饰纹样，雕工精致，为清
代仿古玉的佳品。

## 仿古玉·匜

在古代青铜器中，匜是注水器，基本器形呈椭圆的瓢形，前有宽流，后有柄，腹下有足。匜也是明清时期仿古玉的一个重要器形。

**曲柱柄兽形玉匜** 清代中期仿古玉，现藏天津博物馆。

高21.5、宽18.3厘米。玉质白色，纯洁温润。器分盖和身两部分，器身下部为圆鼎形，鼎下为四个蹄形足，鼎上连接兽形匜，兽首张口为流，颌底套一活环，双曲柱并连作为器柄，盖纽镂雕花形套环。器身、盖的表面均以浅浮雕结合阴刻技法雕琢兽面纹和夔龙纹，纹饰繁复，工艺精湛。

## 仿古玉·刚卯、严卯

据传汉代玉刚卯、玉严卯上面所刻的文字是巫师的祝词，内容大致相同，一般为："正月，刚卯既泱，灵殳四方，赤青白黄，四色是当，帝令祝融，以教夔龙，庶疫刚瘅，莫我敢当。"明代玉严卯的文字与通常所见大致相同，但个别玉刚卯上的文字与通常所见差异较大。

**玉刚卯、玉严卯** 明代中期仿古玉，上海市陆氏墓出土，现藏上海博物馆。

左刚卯长2.2、宽0.3厘米；右严卯长2.1、宽1.1厘米。玉质青白色。刚卯为八面体，阴刻文字。铭文为："疾日刚卯，帝令尊化，顺尔固化，伏兹灵殳，既正既直，既觚既方，庶使刚瘅，莫我敢当。"严卯为四面体，双排铭文，内容为："疾日严卯，帝令尊化，顺尔固化，伏兹灵殳，既正既直，既觚既方，庶使刚瘅，莫我敢当。"一般汉代的玉刚卯、玉严卯字体细劲挺秀，字迹较浅，有的字难以辨识，而这两件明代仿品的字体粗拙，铭文差异较大。

# 纹　饰

## 人物纹

**福禄寿三星纹**　明代玉器装饰纹样，以象征福、禄、寿的三位老人作为图案的主题，寓意吉祥。居于图案中央的是三位老者，均着长袍，长须飘拂。在其下方有两个童子，周围还有代表吉祥的瑞鹿、仙鹤和葫芦，并有祥云环绕。图案主体均以减地隐起技法碾琢成浅浮雕效果，立体感较强，也结合使用阴刻技法勾画云朵纹作为地纹。明清时期的福禄寿题材，还有利用蝙蝠、寿星和鹿为"福禄寿"之谐音来表现的情况。有阴刻、浅浮雕、高浮雕等多种装饰技法，在器皿、陈设品、装饰品等各种器形上都有使用。

**五子登科纹**　清代玉器装饰纹样，雕琢五个童子，一个居于中心，正身正面，其余四个分布于其周围，侧身扭头，头梳发髻，身着长衫，形态各异，生动活泼。童子在中国明清艺术品中，是喜庆吉祥的象征。刻五个童子，寓意"五子登科"。一般以透雕结合阴刻技法装饰于片状佩饰上，或以浅浮雕技法装饰于佩饰及器皿表面。

# 动物纹

**云龙纹** 明代早期玉器装饰纹样，龙头侧视，向前探须，头发较多，向后上方飘拂，细颈，四肢粗壮，肘部有毛，爪呈风车形。龙身四周雕有云朵，龙身在云朵中忽隐忽现。以高浮雕结合多层透雕技法雕琢，延续元代玉雕风格，是明代玉器特征。明代早期以多层镂雕技法雕琢的云龙纹，主要见于玉带銙上。在明清时期，这种在云中穿行的龙纹非常多见，有阴刻、浅浮雕、高浮雕等多种装饰技法，龙纹的身体特征也非常细致，在器皿、陈设品、装饰品等各种器形上都有使用。

**双龙戏珠纹** 明代中期玉器装饰纹样，双龙呈左右排列，中央为火珠纹，周围有祥云环绕。一龙作升势；一龙作降势。

龙的身躯细长如蛇，满刻鳞纹，颈、腹和尾大致等宽。圆形双目（俗称"虾米眼"），鼻似如意形（俗称"猪嘴"），两侧长出两条龙须，头发较浓并前冲（俗称"怒发冲冠"），龙足为三爪，保留了宋元时期龙的特征。龙及火珠纹均以减地隐起技法碾琢成浅浮雕效果，立体感较强，地子上的云朵纹也结合使用阴刻技法。这种以浅浮雕结合阴刻技法雕琢的双龙戏珠纹，主要用于片状玉饰表面，也见于器皿和装饰品。

**透雕龙纹** 明代晚期玉器装饰纹样，龙身细长，卷曲呈"S"形，张牙舞爪。双眼圆凸，长须前探，猪形鼻，浓发前卷。细颈，风车形爪，毛笔形尾。采用双层透雕技法雕琢，龙纹为上层的主纹，下层的地纹为锦纹。这种透雕的有地纹的龙纹主要用于明代晚期的玉带铐。

**双螭纹** 明代玉器装饰纹样，以浅浮雕技法，雕琢一大一小二螭。大螭头上宽下窄，卷云形双耳紧竖，额部较宽，刻一弧形纹，身体较长，有肉感而无骨感，四肢呈攀附状，但软弱无力，尾较长，分两叉如飘带，口含灵芝，回首观顾小螭。小螭形如大螭，头与大螭相对，似争抢灵芝，嬉戏玩耍。一般以透雕、浅浮雕或高浮雕技法雕琢，多装饰于片状器或器皿表面。

**三螭纹** 清代中期玉器装饰纹样，以透雕技法雕镂三只螭纹，两大一小。螭头似虎，方腮，大直鼻，鼻头雕刻如意纹，大眼，眼角上挑。身躯扭曲幅度较大，四肢支撑有力，肘部细刻短毛纹，腹部腾空，尾较长，尾端雕成花蕾状。神态活泼，灵动有力，装饰繁华，为清代螭纹特点。一般以透雕、浅浮雕或高浮雕技法雕琢，装饰于佩饰品或器物上。

**三龙戏珠纹** 清代玉器装饰纹样，龙是中国传统的装饰图案，明清时期多见双龙戏珠纹，而三龙戏珠纹则较为罕见。此器在贯耳瓶的颈腹外部，高浮雕三只蟠龙，一龙盘于瓶颈处戏玩一颗火焰宝珠，另二龙雕于瓶腹，身弯曲，头朝上，目视宝珠。三龙皆短身，长发，双角，作起舞状。身旁有浅雕浮云，表示三龙游于空中。清代戏珠龙纹，多以高浮雕结合透雕技法来表现，也有浅浮雕或阴刻者。前者多见于器皿，后者多见于平面器形。

**云龙纹** 清代玉器装饰纹样，五条龙隐显于云海中。龙头较大，高额凸眼，如意形鼻，两根长须飘拂，毛发浓密，身较长，脊部有一条由连珠纹组成的脊线，每只龙头前方各有一火珠。在龙身的周围满雕灵芝式云朵纹，层层叠起，布满全器。以多层次的高浮雕技法雕琢，立体感非常强。多装饰于器皿外部，纹饰部分丰满且较有厚度，增强器物的厚重感。

**坐龙纹** 清代玉器装饰纹样，龙呈正面，坐姿。额头隆起，鹿角、虾米眼，如意鼻，张口吐舌，长须下垂，锯齿形眉毛和颊髯。身躯盘卷如蛇，满刻网格状鳞纹，三爪，花叶形尾，为清代标准龙形之一。周围雕牡丹花枝，这种穿行于花草间的龙，俗称"穿花龙"。一般以透雕或高、低不同的浮雕技法，雕琢于饰品或器皿表面。

**双凤纹** 清代玉器装饰纹样，凤为中国古代艺术品中的常见的传统图案，为神化的禽鸟。常见成对出现的双凤纹，两凤相对，喙衔灵芝，颈部刻划长羽，身饰鳞纹，翅与长尾下垂，尾端翎羽弯卷，足踏于尾上。以透雕结合阴刻技法雕琢，精细华美。常装饰于玉佩饰或玉器皿的表面。

# 花鸟纹

**菊花纹** 明代玉器装饰纹样，在玉杯的腹部，阴刻结合隐起技法，雕琢一折枝花卉图案。在一条花枝上，花叶繁茂，大花大叶，两朵花朵已经盛开，还有两朵含苞待放的花蕾。通过隐起与浅凹的对比，显现出花瓣的弧度与弯卷，并以细密的网格纹来表现花蕊。写实花卉是明清时期常见的装饰题材，这件玉杯上的菊花纹图案结构简洁大方，疏密得体，具有明中期玉器风格。

**浅浮雕玫瑰花纹** 明代玉器装饰纹样，在器体的外壁连续雕琢四朵花卉，其中有玫瑰、牡丹、菊花等。玫瑰花呈盛开状，花瓣向外舒展，中央露出斜网格纹的花蕊，花朵外伸出花蕾和花叶，花纹排列疏朗，花瓣肥厚丰满，为明代花纹风格。常见于各种生活器皿上。

**天鹅穿花纹** 明代玉器装饰纹样，图案中，一只天鹅伏于繁茂的荷花丛中，曲颈探引，张口嘶鸣，羽翅阴刻鳞纹，形象准确，灵活生动，这种图案是由金代春水玉演绎而成的。春水玉源于契丹族的"春捺钵"制度，一般是表现鹘（海东青）在荷叶、莲花和水草中捉天鹅的情景，较早见于金代，元代和明初期继续流行，清代也有仿制。金元时期的春水玉一般是采用多层透雕技法，虽然玉料不厚，但所表现的景物有多个层次，立体感更强，而且背面保留了加工时的桯钻痕迹。明代的春水玉，虽是采用多层透雕工艺，但相对来说，层次较少，立体感较弱。这种图案一般装饰于玉牌饰或玉带銙上。

**透雕牡丹花纹** 清代玉器装饰纹样，器体满琢数朵折枝牡丹花，周围皆镂雕花叶，花朵在上，枝、叶相互叠压，富有层次感和立体感，生动形象。这种浮雕与透雕相结合的多层透雕技法出现于宋代，流行于金元及明代前期。清代中期重新应用这种镂雕技术，主要运用于香熏、香炉、香筒、香囊等香具上，既有散发香味的实际功能，又有陈设观赏功能。

**双蝠葫芦纹** 清代玉器装饰纹样，在一圆雕的扁形束腰葫芦的顶部，透雕葫芦藤，藤沿葫芦下垂，其上结蔓、叶及四个小葫芦，还有两只蝙蝠，皆浮雕于大葫芦之上。"葫芦"与"福禄"谐音，又因其长藤蔓延不断，用以表示"子孙万代"之意，象征

子孙万代繁荣兴旺，为明清时期常见的吉祥图案。蝙蝠的"蝠"与"福"同音，因此又以蝙蝠和葫芦在一起的图案寓意"福禄"。葫芦纹在玉器上应用得非常多，常以浅浮雕技法雕琢，多见于玉器皿、陈设品及佩饰品的表面。

**竹枝纹** 清代玉器装饰纹样，竹子是深受明清时期文人喜爱的植物品种，常作绘画的对象，为"岁寒三友"之一。这段竹枝纹以浅浮雕技法琢于圆形器皿内，竹枝随器形弯成弧形，枝干上的竹节刻画清晰，干上长出一簇簇的竹叶，惟妙惟肖。在玉器中，竹纹除了以浅浮雕技法雕琢，还多见以透雕和阴刻技法来表现。因为竹子在

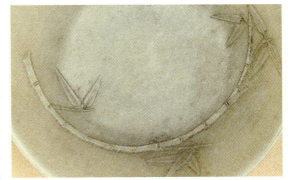

中国人心目中，尤其是文人心中，被赋予君子的品格，具有崇高的地位，所以常以竹子为题材，装饰于器皿和佩饰器上，尤其多见于笔筒等文房用具。

**松鹤纹** 清代玉器装饰纹样，松树是深受明清时期文人喜爱的绘画对象，为"岁寒三友"之一。仙鹤是代表长寿的禽鸟。以松树和仙鹤为对象，表现"松鹤延年"的主题，是明清时期非常流行的艺术题材。将一块柱形玉料随形雕作一段松桩，内部掏膛作为笔筒。外壁高浮雕松鹤纹，下部雕琢一土坡，坡上长一株巨松，松干横卧而上曲，纵贯全器，松枝上长满一团团的松针。松下一卧鹤，回首而望，空中又一鹤，绕松而飞。图案布局疏密适中，松树表现饱满逼真。这种图画式的松树一般用浮雕技法，雕琢于文房所用器皿或插屏表面。

**梅花纹** 清代玉器装饰纹样，梅花是深受明清时期文人喜爱的花卉品种，为"岁寒三友"之一。玉器中的梅花图案，一般是雕琢折枝或整株梅花，在虬曲的老干上，长出细枝，细枝上分布盛开的梅花和含苞待放的花蕾，有的还在旁边雕出松、竹、蝴蝶或岩石。一般以透雕、高浮雕或隐起浅浮雕技法雕琢，常装饰于器皿或佩饰品上，尤其多见于笔筒等文房用具。

**"海晏河清"纹** 清代玉器装饰纹样，明清时期，流行以寓意吉祥的动植物形象作为玉器的装饰图案。这件碧玉盘的内底浅浮雕海棠、燕子、荷花和蜻蜓，取每件纹样的名字中一个字的谐音，组成"海晏河清"，也有称"河清海晏"，即天下太平，寓意吉祥。这种以动物和植物名称的谐音组成的吉祥纹饰，多以浅浮雕技法雕琢，装饰于器皿或佩饰的表面。

**福寿双喜纹** 清代玉器装饰纹样，一株生长茂盛的万年青，叶细而长，弯伸自如，脉络清晰，并有花蕊从株中窜出。在万年青根旁，还生长着一株灵芝，二者结合亲密，相得益彰。万年青永不枯萎，寓意长寿，灵芝有仙草之说，也寓意长寿。以浅浮雕技法雕琢，生动形象，富有立体感。在雕琢此纹的这件玉盘内，原置有一柄银镀金如意，当为清晚期置入盘内，如意柄上阴刻楷书"福寿双喜"四字，点明此纹饰的含义。这种以动物和植物名称的谐音组成的吉祥纹饰，多以浅浮雕技法雕琢，装饰于器皿或佩饰的表面。

# 几何纹

**谷纹**　明代玉器装饰纹样，明代的谷纹类似于乳钉纹，是模仿东汉时期的谷纹制作的，而东汉时期的谷纹则是对战国与西汉时期带谷芽的谷纹进行简化，省略谷芽，成为圆形的乳钉。明代的谷纹制作更加简化，其制作方法是先以小管钻确定谷粒的位置，再将其周围的地子磨去，使乳钉凸起。因制作粗糙，往往地子打光不平，在谷粒的周边保留管钻的痕迹。一般装饰于玉杯等器皿和玉圭等仿古器形上。

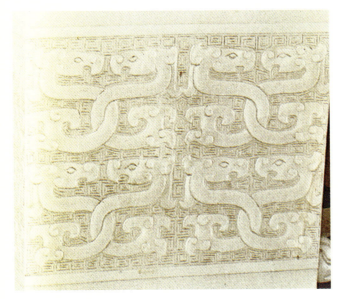

**夔龙纹**　明清玉器装饰纹样，在阴刻的雷纹地子上，雕琢夔龙纹，每两只夔龙身体相互交缠，根据器体的面积大小及其与纹饰的比例，或绕器体周身连续分布，或分层分块呈几何式布局。这种纹饰是由古代青铜器上的纹饰演变而来的，一般以浅浮雕或阴刻技法雕琢，装饰于仿古玉器上。

**兽面纹** 清代玉器装饰纹样，兽面纹，又称饕餮纹，这种纹样仿自商周时期青铜器上的饕餮纹，在清代流行的仿古玉中极为常见。兽面纹主要由两只大眼、两眼中间的大鼻及与鼻相连的眉毛构成，有嘴或无嘴。一般以阴刻或浅浮雕技法雕琢，装饰于仿古玉器皿的腹部，是仿古玉器中最常见的主体装饰纹样。

**蝉纹** 清代玉器装饰纹样，为仿古代青铜器的纹饰，每个蝉由圆眼、一组横弦纹表示的颈部和两个重复三角形组成的翅膀构成，数个相同的蝉纹组成蝉纹带。一般以阴刻或浅浮雕技法雕成，装饰于仿古玉器皿的颈部和腹下部。

**蕉叶纹** 清代玉器装饰纹样，为仿古代青铜器纹饰，每片蕉叶呈长三角形，在轮廓内阴刻叶脉，较大的叶片与较小的叶片交替排列，组成蕉叶纹带，分为俯式蕉叶纹带和仰式蕉叶纹带两种。一般以阴刻或浅浮雕技法雕琢，装饰于仿古玉器皿的颈部或腹下部。

**簸箩纹** 清代玉器装饰纹样，形似以柳条编的簸箩上的图案，相同长度的圆条形凸起沿同一方向排列，每相邻的两行间断处相交错。一般以隐起浅浮雕技法雕琢，凸凹变化自然，极若手编的柳条效果。多装饰于鼻烟壶等小型器物上，布满全器，浑然一体。

**太极纹** 清代玉器装饰纹样，在双弦纹圈内，雕环绕的双鱼纹，即太极图。以阴刻和减地隐起技法雕琢而成。《易·系辞》上："易有太极，是生两仪，两仪生四象，四象生八卦。"气运动而分阴阳，由阴阳而生四时，因而出现天、地、风、雷、水、火、山、泽八种自然现象，推衍为宇宙万事万物。宋代朱熹以为太极即是理，总天地万物之理，便是太极。太极图是中国古代的传统图案，常见于各种玉器造型和其他门类的工艺品上。在玉器中，一般以阴刻或浅浮雕技法雕琢，装饰于佩饰、陈设品或器皿上。

**八宝纹** 清代玉器装饰纹样，八宝又称八吉祥，是佛教传说中的八种宝物，也可作为佛家的符号。以佛教中常见的法螺、法轮、宝伞、白盖、莲花、宝瓶、金鱼和盘肠作为装饰图案，它们是佛教的八种宝物，俗称"八宝"，民间视为吉祥之物，又称之为"八吉祥"，具有较浓重的宗教色彩。法螺，具有菩萨果妙音吉祥之意；法轮，表示佛法圆转万劫不息之意；宝伞，表示张弛自如曲覆众生之意；白盖，表示偏覆三千净一切药之意；莲花，表示出于浊无所染着之意；宝瓶，表示福智圆满具无漏之意；金鱼，表示坚固活泼解脱坏劫之意；盘肠（长）表示回环贯彻一切通明之意。一般以阴刻或隐起浅浮雕技法雕琢，通常按上述顺序排列，多装饰于佩饰、器皿的表面。

**团花纹** 清代玉器装饰纹样，以减地技法雕琢出圆形台面，在各个圆形台面内，浅浮雕瓜蝶、葫芦、葡萄、佛手、荷花、蝠桃、石榴等团花图案，间饰蝠衔磬、蝠衔"卍"字图案以及团"寿"字、团"喜"字等图案，寓意吉祥。这种浅浮雕的团花纹，需要大面积减地，非常耗费工时，地子打磨光润，纹饰立体效果较强，充分显示了制玉技艺的高超和玉器的珍贵价值。团花纹图案常装饰于陈设性器皿和佩饰品的表面。

# 玉图画

**"羲之爱鹅"图** 明代玉器装饰纹样，此图案以文人画中常见的"羲之爱鹅"故事为题材，王羲之头戴纱帽，长髯下垂，身着宽袖长袍，端坐于地上，一手捧书，微笑观鹅。一少年侧坐于其身边，抚摸鹅颈。鹅身体肥硕，昂首翘尾。二人周围雕琢松树、山石作为背景。王羲之，字逸少，东晋琅琊临沂人，居于会稽山阴，为中国古代著名的书法家。据说，王羲之素爱鹅，并从家鹅的行水方式上，悟出了用笔的方法，故有"羲之爱鹅"的典故。此图以明代流行的隐起浅浮雕技法碾琢而成，同时还保留有宋元时期玉雕的遗风，即人物与背景略有立体感，背景部位制作较粗，遗留下桯钻去料的加工痕迹。图案构图饱满，人物面部碾磨细致生动。这种图案常用于器皿或片状玉饰的表面。

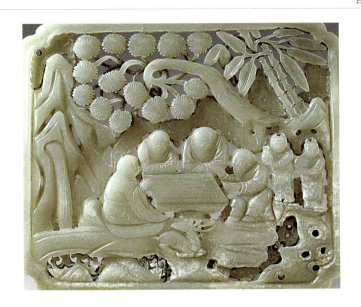

"对弈"图 明代玉器装饰纹样，在"亚"字形框内，雕松竹荫下二位老者坐于石桌旁，欣然对弈，另外二位老者端坐一侧，观摩助兴，还有两位童子侍立其后。画面布局丰满，疏密适中，所表现内容恬静幽雅，气氛祥和，富有生活情趣。画面以透雕技法雕琢，人物和景物均有层次感，是宋元时期多层透雕技法的延续。这种玉图画题材在清代中期以后比较盛行，在明代作品中较为少见，主要见于玉带铐、玉佩饰等片状器上。

"西厢记"图
清代玉器装饰纹样，在双喜形开光内琢"西厢记"故事图，画中莺莺携红娘于院中焚香拜月，祈求平安。张生执扇立于花墙边假山之上，含情脉脉。衣冠均是明代模样。虽院墙布置

仍为传统手法，但山石和松树已掺杂西洋画影响。一般以浅浮雕技法雕琢于牌饰、插屏等片状器或器皿的表面。

**"刘海戏蟾"图** 清代玉器装饰纹样，在光平的地子上隐起浅浮雕，画面刘海手执一串铜钱，正戏耍一蟾。据《陕西通志》，刘海名哲，号海蟾子，好黄老之学，弃官，从正阳子隐修终南山成仙。民间以其号有蟾字，遂或以为其形为蟾，故衍生出"刘海戏金蟾"一说。一般是以浅浮雕技法，雕琢于佩饰或器皿的表面。

**"印公坡老比学"图** 清代玉器装饰纹样，位于画面中心、正在切磋学问的两位老者为印公和坡老，身后的学童或洗耳恭听，或窃窃私语，神态各异。构图上有疏有密，右上角空白处阴刻楷书乾隆御制诗："七百余年玉带遗，笑他佳话竟何为。印公出口遂成偈，坡老围腰竟失仪……"既点明图意，又起到了文图并茂的艺术效果。在雕琢技法上，图案部分采用高浮雕技法，将人物及其所处的环境立体化。文字部分为平面处理，相得益彰。诗配画的图案主要用于插屏、山子、器皿等体积较大的玉陈设品和器皿上。

**"麻姑献寿"图** 清代玉器装饰纹样，麻姑头挽发髻，身着长袍，手捧酒坛，衣袂飘然，线条流畅，雕琢精致。麻姑是神话中的仙女，曾历东海三次桑田之变，足见其寿。三月三日西王母寿辰，设蟠桃盛会，群仙往瑶池祝寿，麻姑以灵芝酿酒为贺礼赴会，故旧时多以赠麻姑画像作为贺女寿的寿礼。一般以透雕或浮雕技法雕琢，作为佩饰或装饰于器表。

**"鹤鹿同春"图** 清代玉器装饰纹样，依玉料形状琢瘦高的山形，山上长有松树，山腰处有一寿星老人拄杖而立，旁有祥鹿、仙鹤相伴，寓意鹤鹿同春，福寿延年，这是明清时期玉雕常用的吉祥题材。以圆雕、浮雕与透雕技法相结合，这种立体的玉图画题材一般用于玉山或陈设摆件上。这件玉山琢磨细致，不见加工痕迹，是清中期的作品。这种题材多见于圆雕和平面雕的玉图画中，装饰于插屏、笔筒、山子等器形上。

**"西园雅集"图** 清代玉器装饰纹样，"西园雅集图"是一个历史故事画题。西园为北宋驸马都尉王诜的府第，当时的文人墨客多雅集于此。宋神宗元丰初年，王诜曾邀请苏轼、苏辙、黄庭坚、米芾、李公麟、蔡肇、李之仪、晁补之、张耒、秦观、刘泾、陈景元、王钦臣、郑嘉会及日本籍的圆通大师等共十六人游园。他们都是当代著名人士，米芾以此事为记，李公麟曾以此为题作画两幅，一幅作于元丰初王诜家，另一幅作于元祐元年（1086）赵德麟家。之后有很多画家以此画题作画，一般是通过几组文人士大夫在林中活动的不同场面，表现他们闲适自在的生活情趣。多以浮雕技法雕琢，装饰于插屏、笔筒等时作玉陈设品和文房用品的表面。

**"竹溪六逸"图** 清代玉器装饰纹样，画面的山、树、竹林中有一条小溪，溪边有亭台，六位老人或饮酒，或观景，或吟诗，姿态各异。在一块山石上，琢隶书"竹溪六逸"，点明图意。据文献记载，唐开元末年，李白与孔巢父、韩准、裴政、张叔明、陶沔六人，居于泰安府徂徕山下之竹溪，每日纵酒酣歌，时号"竹溪六逸"，为此题材典故之出处。一般以深雕、浮雕、透雕及阴刻技法装饰于插屏、笔筒等时作玉陈设品和文房用品的表面。

**"竹林七贤"图** 清代玉器装饰纹样，据文献记载，魏晋间阮籍、嵇康、山涛、向秀、阮咸、王戎、刘伶七人，相与友善，常宴集于竹林之下，时人号为"竹林七贤"，成为后来文人喜爱的艺术题材。一般以图画形式表现于各种材料上，在玉器中也可见到这种题材。图案中，竹林密布，天上有浮云，地上有山石、溪水，远处有小童，林中一亭，七人于其附近或立或坐，或提笔下书，或围坐畅谈。人景逼真，铺陈有序。一般以深雕、浮雕、透雕及阴刻技法装饰于插屏、笔筒等时作玉陈设品和文房用品的表面。

# 文 字

**阿拉伯文字** 明代玉器装饰纹样，在白玉幻方的正面中央一圆形凸起内，阴刻阿拉伯文字："万物非主，唯有真宰，穆汗默德，为其使者。"反面方框内有四行十六格，每格内填

一阿拉伯数字，数字形体是13世纪时的阿拉伯文，隶定为现代通用的数码字，是继陕西元代安西王府遗址出土的铁幻方后的又一重要发现。以阿拉伯文字作为装饰的情况也常见于明代青花瓷器上，这是明代社会对外经济、文化交流加强的一种反映。文字为阴刻而成，笔触较粗，线条滞涩，与明代刚卯上的字迹相同，为明代玉雕文字的特征。这种阿拉伯文字主要雕刻于伊斯兰教徒佩以护身的幻方表面。

**乾隆御题诗《三清茶》**
清乾隆时期玉器装饰纹样，三清茶是清乾隆、嘉庆年间的宫廷雅事之一，在紫禁城的重华宫举行茶宴，所用之茶以梅花、佛手和松实烹制，故名三清茶，乾隆皇帝为此题乾隆丙寅（乾隆十一年，1746）小春五言诗一首，全文如下："梅花色不妖，佛手香且洁。松实味芳腴，三品殊清绝。烹以折脚铛，沃之承筐雪。火候辨鱼蟹，鼎烟迭生灭。越瓯泼仙乳，毡庐适禅悦。五蕴净大半，可悟不可说。馥馥兜罗递，活活云浆澈。偓佺遗可餐，林逋赏时别。懒举赵州案，颇笑玉川谲。寒宵听行漏，古月看悬玦。软饱趁几余，敲吟兴无竭。"此诗见于乾隆御制诗初集第三十六卷《三清茶》。阴刻楷书，诗文及署款均戗金，与深沉的碧玉色相衬，华贵高雅。此诗多见于清乾隆时期各种材质的茶碗外壁。

**天干地支** 清代玉器装饰纹样，在圆形或椭圆形区域内，雕琢天干、地支文字，把十个天干与十二个地支依次配合起来，组成六十对，周而复始，叫做"甲子"或"六十花甲子"，用来表示时间顺序，是中国古代历法的独特创造。有阴文和阳文两种雕法。一般是在片状器的两面分别雕刻，一面刻甲、乙、丙、丁、戊、己、庚、辛、壬、癸，称天干，另一面刻子、丑、寅、卯、辰、巳、午、未、申、酉、戌、亥，称地支。主要装饰于佩饰或陈设品上。

# 痕都斯坦玉器纹饰

**莨苕花纹** 清代中期痕都斯坦玉器装饰纹样，一株株的莨苕花均为侧视，连续排列，每株莨苕花的中间为一朵已经盛开的花朵和两枝含苞未放的花蕾，其两侧各有一朵向内弯曲的花朵。相邻的两株莨苕花之外侧花朵被扎在一起，其下部的空白处又雕一小株莨苕花。采用浅浮雕结合中间打凹的技法雕琢，这是痕都斯坦玉器特有的雕琢纹饰方法。一般装饰于圆形器的周身。

**镶嵌莨苕花纹** 清代中期痕都斯坦玉器装饰纹样，每株莨苕花的中间为一个含苞未放的小花蕾，其两侧各有一朵正视的已经盛开的花朵，下为三层叶片。采用镶嵌的技法制作花纹，以金丝镶成花朵的轮廓和花枝部位，以与器物本身玉质颜色反差较大的碧玉镶嵌花朵和叶子部分，这是痕都斯坦玉器常用的装饰方法。一般装饰于圆形器的周身。

**莨苕花朵纹** 清代中期痕都斯坦玉器装饰纹样，花朵为六瓣，花瓣肥厚，边缘略翻卷，圆形花芯内丝丝花蕊雕琢细腻。以浅浮雕技法琢磨，立体感强，有丰满肥润的手感。一般雕琢于痕都斯坦玉器或者仿制痕都斯坦玉器的底部，作为器足使用。

**描金蕃莲纹** 清代中期痕都斯坦玉器装饰纹样，蕃莲花朵一正一倒，相间连续排列，以带有花蕾的藤枝相连，花朵丰满，枝叶柔软，线条优美。花纹以金漆描绘而成，局部有脱落痕迹。一般装饰于痕都斯坦玉器或者仿制痕都斯坦玉器的圆形器盖或器身上。

**错金嵌宝石花草纹** 清代中期痕都斯坦玉器装饰纹样，这件器物的纹样中央为以金片镶嵌的团状草叶纹，其周围以金片嵌饰花叶纹，花朵用一百八十粒红色宝石镶嵌而成，精致华美，为仿痕都斯坦玉器纹样的精品。其制法是先按设计图案的需要，在玉质表面雕刻凹槽，然后将金丝和宝石嵌入其中，再磨平、抛光。这种纹饰常见于痕都斯坦玉器和仿痕都斯坦玉器的器物上。

**错金嵌宝石莨苕花纹** 清代中期痕都斯坦玉器装饰纹样，一株株的莨苕花连续排列，每株莨苕花的中间为一朵正视已经盛开的花朵和两枝含苞未放的花蕾，其两侧的侧枝长有侧视的花朵和花蕾，相邻的两株莨苕花之间又有一小株莨苕花。采用镶嵌的技法制作花纹，以金丝镶成花朵的轮廓和花枝部位，以红玻璃珠镶嵌花朵，以绿玻璃珠镶嵌花芯、花叶和每株花的根部。嵌金银丝和宝石装饰花纹是痕都斯坦玉器常用的装饰方法。其制法是先按设计图案的需要，在玉质表面雕刻凹槽，然后将金丝和宝石嵌入其中，再磨平、抛光。这种纹饰常见于痕都斯坦玉器或者仿痕都斯坦玉器上。这种连续排列的莨苕花纹，一般装饰于圆形器的周身。